AF498055

CONGRÈS INTERNATIONAL

D'HYGIÈNE ET DE DÉMOGRAPHIE

A PARIS EN 1889

CINQUIÈME QUESTION

La Protection des cours d'eau et des nappes souterraines contre la pollution par les résidus industriels

---

RAPPORTS

Par MM. les Docteurs J. ARNOULD & A.-J. MARTIN

PUBLICATIONS DES *ANNALES ÉCONOMIQUES*

CHALLAMEL ET Cⁱᵉ

5, RUE JACOB, ET RUE FURSTENBERG, 2

PARIS

CONGRÈS INTERNATIONAL D'HYGIÈNE & DE DÉMOGRAPHIE

CINQUIÈME QUESTION

LA PROTECTION DES COURS D'EAU
ET DES NAPPES SOUTERRAINES
CONTRE LA POLLUTION PAR LES RÉSIDUS INDUSTRIELS

I. — Rapport par M. le Docteur J. ARNOULD
Professeur d'hygiène à la Faculté de médecine de Lille

C'est un grand spectacle que celui d'une région industrielle. Les populations s'y pressent, les bâtisses couvrent le sol, tous les engins de transport s'y croisent par terre et par eau; l'homme peut s'y admirer lui-même dans la plus haute expression de son activité.

Malheureusement, on ne travaille pas aussi proprement que les abeilles, dans cette ruche colossale, et, rien qu'au point de vue de l'hygiène, la médaille a ce revers pénible, de menacer toujours et de compromettre souvent l'intégrité des milieux naturels : l'air, le sol et l'eau.

Il ne s'agit, cette fois, que de l'eau, et c'est bien suffisant pour une question. Nous félicitons même le Comité d'organisation d'avoir nettement séparé les *eaux industrielles* des *eaux d'égout*, au point de vue de cette étude d'assainissement, parce que les unes et les autres ne sont pas sales et menaçantes de la même manière et que, matériellement, elles sont loin de se confondre toujours. Il y a onze ans, grâce à l'association, qui a cessé aujourd'hui et dans laquelle les eaux souillées d'excrétions humaines devaient fatalement prendre la prépondérance, les eaux industrielles furent un peu oubliées, au

Congrès de Paris, malgré les remarquables rapports de M. Proust et du si regretté A. Durand-Claye, avec M. Schlœsing.

J'ajoute que je crois aussi avoir compris la pensée du Comité, lorsqu'il a substitué, dans la formule actuelle, *protection* à *altération*. C'est qu'en effet, l'altération des eaux publiques par l'industrie est un fait vulgaire et que les modes en sont assez bien connus. Il ne s'agit plus d'une curiosité d'hygiène ni d'une étude platonique ; le temps est venu de passer à des mesures de défense, à des réalisations matérielles, à des injonctions légales et à une sanction qui en vaille la peine.

I

Principaux traits de l'altération des eaux publiques par les résidus industriels

Nous avons cru devoir donner comme base à notre argumentation un rappel des méfaits de l'industrie à l'égard des eaux publiques. Comme ce tableau n'a rien de nouveau, nous serons aussi bref que possible.

Dans le département du Nord, qui, par les liens étroits que j'ai avec lui, m'a probablement valu l'insigne et périlleux honneur d'être chargé de ce rapport, les souillures des *eaux publiques* par les déchets industriels ont eu un retentissement qu'il suffit de rappeler pour montrer la gravité de la situation.

Cette riche et laborieuse région est sillonnée par un très grand nombre de cours d'eau, d'un débit modéré et de faible pente. L'un deux est un fleuve, l'Escaut ; mais ses allures et ses dimensions restent modestes, tant qu'il n'a point passé la frontière: Il ne compte pas moins parmi « nos grands cours d'eau », comme on dit dans le pays, avec la Sambre, la Lys, la Scarpe, la Deûle, la Colme, la Bourre, les Helpes. D'autres portent les noms divers de *courant*, de *canal*, de *ruisseau* ou *riez*, de *filet*, suffisamment significatifs. Il y a encore les *rigoles de desséchement* des marais, autrefois nombreux et étendus dans la contrée. Enfin, certains ruisseaux ne porteraient que les *eaux sauvages*, en temps d'averse, s'ils n'étaient alimentés par l'eau extraite des galeries de mines. Tous ces cours d'eau ont attiré l'industrie sur leurs bords. Comme dans le corps humain, l'eau est ici l'agent indispensable des opérations intérieures et le grand véhicule des déchets qu'il faut éliminer. Si les villes n'avaient trouvé, de temps immémorial, que les rivières sont des

égouts donnés par la nature, l'industrie se serait chargée de pro-
clamer la formule. Au besoin, comme les villes encore, à défaut
d'eau superficielle, l'industrie introduit plus ou moins directement
ses excrétions dans la nappe souterraine.

Il est clair que, quand le fleuve est puissant et que l'industrie est
modérement développée, les établissements qui déversent au cours
d'eau ne sont pas très dangereux ; c'est comme pour les villes d'importance restreinte qui prétendent faire déboucher leurs égouts dans
le Rhin ou le Mississipi. De même, les nappes souterraines peuvent, sans grand inconvénient, s'ouvrir aux eaux industrielles,
dans les zones non habitées et tant que l'usine elle-même n'attire
pas la population, à la condition que la nappe ne soit point utilisée
pour l'approvisionnement d'un groupe voisin.

Ni l'une ni l'autre de ces exceptions ne se présente dans le Nord.
Aussi les ruisseaux et rivières ressemblent-ils plus ou moins à
des égouts à ciel ouvert, et les nappes qui baignent le sous-sol des
villes manufacturières, Lille, Armentières, Roubaix, sont-elles
absolument inutilisables pour la boisson.

Depuis 1849, les deux *Helpes* sont l'émonctoire des peignages de
laine installés dans la partie du département la plus agréable
comme site, l'arrondissement d'Avesnes (ancien Hainaut français).
Tous les conseils d'hygiène qui se sont succédé au chef-lieu, les
inspecteurs de la salubrité, se sont épuisés dans une lutte sans
succès contre cette flétrissure infligée à une contrée envers qui la
nature avait été généreuse. Le mal ne fait qu'empirer. A la réunion du
Conseil général du Nord, le 22 août 1884, M. Ernest Legrand constatait que les pâtures situées sur les rives des deux Helpes avaient
perdu 50 p. 100 de leur valeur, à cause de l'habitude prise d'y déverser
« le poison et des éléments de putréfaction qui rendent leurs rives inhabitables pour l'animal et même *(sic)* pour les habitants. » « C'est
surtout en été, dit M. Thibaut, à l'époque où ce charmant pays,
qu'on appelle à juste titre la *petite Suisse du Nord*, présente un
aspect ravissant de pittoresque, avec ses verts coteaux, ses bois et
ses plantureuses prairies, que le déversement des résidus industriels non purifiés, *dans des ruisseaux presque à sec*, empeste et
désole la région. Alors les eaux sont blanchâtres, boueuses, charrient
de nombreux cadavres de poissons, exhalent des odeurs méphitiques
et sont impropres à toute espèce d'usage. C'est un vrai désastre pour
les riverains ».

Je crois que c'est dans ce pays, sur les bords de la *Selle*, qu'il a été prononcé (par un industriel, comme on pense) une parole où se révèle une grande philosophie vis-à-vis des désagréments..... qui atteignent les autres : « Il faut choisir entre l'industrie et les écrevisses. » Le trait est spirituel ; mais il est parti, avec les écrevisses, quelque autre chose qui contribuait à rendre la vie agréable à une foule de gens. (Soit dit sans dédaigner ce crustacé, bientôt tombé parmi les espèces fossiles.)

De cent kilogrammes de laine brute qui entrent dans un *peignage*, il n'en sortira que trente-cinq à l'état de laine manufacturable. A Roubaix-Tourcoing, sauf 5 à 6 % de potasse que l'on extrait, tout le reste va à l'*Espierre* et, comme les peignages y sont nombreux et puissants, en fait ce ruisseau prodigieux, plus sale que les égouts de Paris et dont nous avons, autrefois, esquissé la physionomie (*Revue d'hygiène*, VII, n° 10, 1885). Les justes protestations des Belges contre la souillure de l'Escaut par ce courant ont fini par provoquer le décret du 22 février 1887, par lequel le gouvernement français oblige les deux villes à épurer leurs eaux. Nous avons répété alors les plaintes des riverains, dont les débordements de l'Espierre ruinent les prairies, et à qui ils donnent la fièvre. Ajoutons-y cette opinion, qui a des chances d'être fondée, que le *charbon*, autrefois inconnu dans l'arrondissement de Lille et que l'on rencontre depuis quelques années dans une ferme en aval de Roubaix, est dû « aux détritus provenant des fabriques de dégraissage de laine de Roubaix et de Tourcoing, entraînés par les méandres de l'Espierre, qui, à certaines époques, déborde et inonde les terres et les prés de la ferme où successivement sont arrivés ces accidents mortels. » (Pollet. *Rapport sur les trav. du Conseil d'hygiène du Nord*. Lille, 1885, p. 227.)

Il y a une dixaine d'années, l'importante commune de Somain, en proie à l'endémie typhoïde, accusa formellement l'infime ruisseau du *Marécaux*, dans lequel se réalisait une de ces associations d'impuretés qui ne sont point rares de la part de la pollution industrielle. Les Compagnies houillères d'Anzin, d'Aniche et d'Azincourt surajoutaient leurs eaux, chargées de sulfates, à celles d'une sucrerie, réunies elles-mêmes aux eaux ménagères de Somain. Il en résultait, comme d'habitude, la réduction des sulfates et la production d'hydrogène sulfuré. Certes, ce n'est point de là que sort la fièvre typhoïde ; mais une longue expérience prouve que, quand les germes typhogènes sont apportés de quelque part, rien ne contribue plus à les implanter dans une localité que l'usage habituel d'un mauvais air. Le conseil d'hygiène du Nord le comprit ainsi, et l'assainissement du Marécaux fut imposé à la commune et aux Compagnies, à la suite d'un remarquable rapport de M. L. Faucher.

A quelques kilomètres au-dessous de Lille, la *Deûle* est atteinte depuis longtemps et, paraît-il, pour de très longues années, de ce que l'on peut appeler la plaie des *marcs* ou *charrées de soude*, provenant de la fabrique de produits chimiques Kuhlmann. Cette usine commence à modifier son outillage; mais elle a, jusqu'ici, produit la soude par le procédé Leblanc, qui laisse des résidus principalement composés de polysulfures de calcium, de sulfates, chlorures et carbonates alcalins ou alcalino-terreux. On ne jette pas ces résidus à la rivière; mais on les transporte en bateau, en descendant son cours, pour les déposer sur les points déprimés et marécageux de la rive, recouverts d'une mince couche de terre qu'on a enlevée de ces points, au préalable. Cela dure depuis quarante ans, à raison d'environ 4 000 mètres cubes de charrée par an. Il est probable que les sulfures s'oxydent, dans ce singulier remblai, au contact de l'air. Dans tous les cas, la masse est incessamment lavée par les pluies et s'écoule par faibles portions vers la rivière. Les sulfates y rencontrent la matière organique que les égouts de Lille y ont largement versée et, encore une fois, par réduction, fournissent de l'acide sulfhydrique. La réduction va même jusqu'à produire du soufre en fine poussière, qui donne à l'eau une teinte laiteuse, distincte encore quelque temps après que la Deûle a rejoint la Lys. On sait l'importance de ce dernier cours d'eau pour le rouissage du lin, en France et en Belgique ; le regretté Meurein craignait que les fibres du lin ne fussent « énervées » par ces eaux sulfureuses et prévoyait des réclamations des Belges. Je n'ai pas appris qu'elles se fussent fait entendre ; mais ce que les préfets du Nord entendent à souhait, ce sont les plaintes des habitants de Quesnoy-sur-Deûle, dont les maisons situées au bord de l'eau sont inhabitables en été et voient noircir leurs peintures, la vaisselle de cuivre, les couverts d'argent. On se retient de respirer en passant les ponts, et il y a du danger à séjourner là où l'eau, agitée par une cause quelconque, est disposée mécaniquement à abandonner son gaz sulfhydrique.

Le conseil d'hygiène du Nord a formulé bien des prescriptions protectrices ; il y a eu des tentatives heureuses accomplies par la fabrique de soude d'Hautmont pour épargner la Sambre. Mais la Basse-Deûle ne peut, malheureusement, plus s'en tirer par la prophylaxie. Les charrées de soude lui servent de bords, *hæret lateri lethalis arundo*, et il faut qu'elle les boive jusqu'à épuisement! — On les enferme aujourd'hui dans un corroi d'argile, que tourmentent alternativement les crevasses du temps sec et l'amollissement des pluies.

En amont de Lille, il y a des distilleries, des blanchisseries, des amidonneries, des glucoseries, des teintureries et quelques petits établissements que la police sanitaire remarque à peine, à cause du peu de place qu'ils tiennent. Elle les tourmente peu, d'ailleurs, parce qu'ils ont pour excuse la souillure énorme dont le puissant voisin est coupable. Ce qui fait que la rivière retrouve largement, en détail, les déchets qu'elle n'a pas en masse. Les amidonneries, ordinairement doublées d'une glucoserie, versent à la rivière des torrents d'eau blanche, moitié amidon, moitié gluten, qui envasent le lit du cours d'eau, précipitent sur les herbes et les pieux, leur donnent l'air d'avoir été trempés dans la pâte; et, en absorbant l'oxygène par la décomposition des matières organiques, amènent l'asphyxie des poissons. Il y a encore, en effet, des poissons dans la Deûle, bien que beaucoup de personnes n'en croient rien. Nous en avons eu la preuve, il y a sept ou huit ans, un jour qu'en remontant la Haute-Deûle sur le chemin de halage, nous vîmes un assez grand nombre d'ablettes flottant à la surface, le ventre en l'air. On soupçonna que l'usine de produits chimiques de Loos avait lâché un sel de baryte dans la Deûle, ou une blanchisserie du chlorure de chaux. Peut-être s'agissait-il simplement d'eaux de glucoserie en fermentation.

C'est à la Haute-Deûle que la ville de Lille emprunte l'eau des lacs et de la rivière de son « Bois de Boulogne », la cascade du *Jardin Vauban*. Dans les mois d'été, s'il fait sec pendant quelques semaines, le niveau de la Deûle baisse et les eaux se concentrent; la chaleur aidant, la fétidité des résidus putrides d'amidonnerie est à son comble et les eaux de teinturerie prennent des tons insolents. Les promeneurs trouvent que décidément les rivières du Bois de Boulogne et du Jardin Vauban sont trop artificielles et s'éloignent.

On voulut, un jour, faire une amenée d'eau de la Deûle en ville, pour l'arrosage des rues. Il fallut y renoncer, devant la perspective de voir les tuyaux de conduite s'obstruer sous les dépôts de la matière glutineuse des amidonneries. Aujourd'hui la municipalité est à la recherche d'une eau présentable pour son École de natation, à peu près abandonnée du public parce qu'il fallait aller prendre un bain quand on en sortait.

En ville, les sens ne sont plus aussi péniblement impressionnés qu'autrefois par les canaux qui donnaient à Lille quelque analogie avec Venise. On a couvert ces canaux et c'est toujours cela de gagné. Cependant, il reste le canal de la Basse-Deûle, dans lequel les riverains pourront, comme les habitants de Wakefield dans la Calder, tremper leur plume quand ils désireront écrire une protestation contre l'état de ses eaux.

Il est, d'ailleurs, constant que c'est bien l'industrie intra-urbaine qui est responsable de cette infection, puisque, comme la Commission de 1880 l'a remarqué avec beaucoup de sagacité, « du samedi soir au lundi matin vers dix heures, les eaux se purifient notablement. »

Les matières qui se précipitent au fond des rivières sont loin d'être désormais inoffensives. L'oxydation n'est pas finie et l'on reconnaît aisément, aux bulles de gaz qui viennent éclater à la surface, que la vase du fond continue à fermenter. On s'imagine sans peine ce qui résulte du moindre remuement de cette vase par le passage des bateaux ou par toute autre cause d'agitation de la masse liquide. Puis, la vase s'accumule sur divers points où le courant a rencontré quelque obstacle ; il se forme des atterrissements et même, à la saison des basses eaux, des ilôts qui émergent sur une large surface, aussi odieux à la vue qu'agressifs pour l'odorat. Cela se présente dans le lit de la Marque, de l'Helpe et même des petits bras de l'Escaut. Cela se réaliserait dans l'Escaut lui-même et dans la Deûle, sans les dragages incessants et ruineux qu'exigent les besoins de la navigation. Les cours d'eau moins importants sont débarrassés jusqu'à un certain point par des chasses ou rigolages, opérés au moyen de retenues en amont, ou curés à *vif-fond*. Les rigolages ne font guère que déplacer les atterrissements. Quant aux autres opérations, elles sont tellement fétides qu'en 1883, alors que l'on parlait de choléra en Égypte, on n'osa les appliquer aux bras de l'Escaut.

Il est clair, d'ailleurs, que les dépôts du fond élèvent le lit et le niveau des rivières et sont la cause des débordements si faciles qu'elles éprouvent dans le Nord. Les riverains y pourvoient autant qu'ils peuvent en endiguant les bords ; mais on ne saurait les relever indéfiniment. Il se passe ce fait singulier que ce n'est plus la nappe souterraine qui se déverse dans les cours d'eau, mais qu'au contraire ceux-ci filtrent dans la nappe et qu'à la traversée des villes, au lieu de drainer le sol, ils inondent les caves, ainsi que M. Manouvriez le signale de la part des bras de l'Escaut, à Valenciennes. Dans des conditions pareilles, je crois que l'on fait bien de ne pas admettre, sans y regarder à deux fois, la chute directe des latrines à l'égout. c'est-à-dire dans les canaux urbains, dans cette ville qui avait, en 1881 (*Compte rendu du Conseil d'hygiène de Valenciennes pour 1881*), cent quarante-quatre maisons en possession de ce système.

Ceci m'est une occasion de faire remarquer que, sauf cette faible exception, les villes du Nord contribuent aussi peu que possible à assurer, par la projection des matières fécales, la pollution des cours d'eau qui les traversent. L'habitude des fosses fixes, soigneusement entretenue par les hygiénistes du pays, et la pratique de *l'engrais flamand* seraient une sérieuse protection des rivières, si l'industrie ne les polluait avant, pendant et après. En effet, il n'entre pas rien que les eaux ménagères dans les égouts de Lille, d'où les excrétions humaines ont été *officiellement* exclues en 1872, après une discussion mémorable, au sein du conseil d'hygiène. Il y a, dans la ville, un abattoir, des brasseries, des teintureries, une fabrique importante de bleu d'outremer et pas mal de petites industries maniant des matières organiques, qui déversent leurs eaux résiduaires dans les canaux intra-urbains, d'autant plus aisément que ces canaux sont aujourd'hui, de plus en plus, couverts par les soins de la municipalité.

Composition des eaux de la Deûle *(par litre)*

(Analyse par M. Debraye. Avril, 1889)	Avant d'entrer dans Lille.	A sa sortie de Lille.
Résidu fixe à 100°..........................	0gr388	0gr410
Perte au rouge............................	0 181	0 173
Perte après addition de carbonate d'ammoniaque..............................	0 172	0 151
Ammoniaque libre.........................	traces	0 002
Chlore	0 028	0 033
Acide sulfurique (S O³ H O)...............	0 020	0 024
Oxygène pris au permanganate.............	0 003125	0 0005

Il suffit d'ajouter à ce tableau les difficultés incessantes que cause aux administrations la défense, surtout contre les résidus de distillerie, de la *Colme*, qui fournit la distribution d'eau de la ville de Bergues, et celle du *Canal de Bourbourg*, alimenté par l'*Aa* et par les Watergands, qui constitue l'eau municipale de Dunkerque, généralement impotable d'ailleurs, ainsi qu'il résulte d'un travail des plus intéressants de MM. Monnot et Vaneste (*Rapport sur les travaux des Conseils d'hygiène du Nord*, T. XLII, p. 320, 1884), et

qui sera probablement bientôt remplacée par une eau de nappe souterraine, dite les *sources de Houlle*, provenant de forages dans la
craie.

Tels sont les grands traits de la situation, pour ce qui concerne
les *eaux courantes*. Elle n'est ni moins accentuée ni moins fâcheuse
à l'égard des *nappes souterraines*.

Je rapporterai ce qui est arrivé à la ville de Lille, parce que cet
exemple est net et d'une importance indiscutable. En 1868-1870, lorsque l'ingénieur Masquelez exécuta le beau travail de distribution
d'eau qui existe aujourd'hui, à Lille, et qu'il fit ouvrir la tranchée au
fond de laquelle devait reposer l'aqueduc d'amenée, des sources au
réservoir inférieur, dit d'Emmerin, il remarqua sans peine que l'eau
envahissait les ouvriers partout où la tranchée traversait la craie
fendillée, qui est, dans cette région, la véritable couche aquifère.
Cette eau ayant été reconnue, alors, irréprochable, on résolut de la
recueillir au passage et, au lieu de faire un radier à l'aqueduc, on se
borna à en recouvrir le fond d'une couche de silex et de gravier,
qui faisait l'office de filtre. L'approvisionnement d'eau était donc
mixte, composé à la fois d'eau de source et d'eau de la nappe souterraine. Le tribut de celle-ci était fort abondant. L'ingénieur n'avait
fait autre chose qu'utiliser d'une façon secondaire un système d'approvisionnement d'eau très légitime, souvent excellent, et auquel
diverses villes ont recours d'une façon exclusive. Mais, dans la zone
même traversée par l'aqueduc, deux grandes distilleries versaient
leurs vinasses, l'une dans des puits perdus, l'autre sur le sol même,
en irrigations. Dès 1879, les consommateurs, dans Lille, reconnurent
à l'eau de distribution une saveur anormale et assez étrange, sensible après les pluies seulement et qui, comme le remarqua tout
d'abord Meurein, coïncidait avec l'époque de la plus grande activité
des opérations de la distillerie. En 1882, ce fut un véritable émoi
dans la population, que ne calma point, au contraire, la constatation
du *Crenothrix polyspora* dans l'eau de Lille par le professeur
Alfred Giard. Quel qu'ait été le rôle de cette algue, comme cause ou
comme effet, il parut à tout le monde que l'eau empruntée par l'aqueduc d'amenée à la nappe souterraine avait été altérée à l'origine et
ne s'était pas suffisamment purifiée à travers le sol. Pendant que la
ville s'occupait de fermer le radier de son aqueduc, le conseil d'hygiène faisait interdire aux distilleries, par le Préfet, les puits perdus
et les irrigations dans le vallon d'Houplin.

J'avais l'honneur de faire partie de la Commission qui, à cette épo que, se rendit sur les lieux et rechercha la cause du mal pour en formuler le remède. Partisan convaincu de l'épuration des eaux par l'irrigation, comme on le sait peut-être et comme on va le voir, je n'hésitai pas à la condamner alors, dans les conditions qui la caractérisaient. D'abord, j'ai toujours cru qu'il ne faut point introduire dans la distribution d'une ville l'eau qui sort des drains des champs irrigués; le verre d'eau que l'on boit aux bords du canal d'évacuation d'Osdorf est une coquetterie de l'administration berlinoise et une crânerie des hygiénistes, qui ne permettent pas une conclusion bien étendue. Puis, l'irrigation était faite, dans l'un des établissements, d'une façon qui trahissait beaucoup plus l'intention de se débarrasser des eaux résiduaires que celle de les épurer. On en remplissait les fossés, les mares ; on leur avait ménagé de grands bassins d'attente, et aussi d'infiltration, à parois en terre. Avec les puits perdus de l'autre établissement, c'était le moyen d'introduire directement dans la nappe souterraine, à de petites distances de l'aqueduc, des quantités considérables d'eaux chargées de matière putride. Je pensai que de telles eaux pouvaient être nourricières pour le *Crenothrix*, de même que Meurein entrevit que l'acide libre des vinasses formait du sulfate de chaux avec le calcaire du terrain, et du sulfate de fer avec le fer de l'argile. Ce sel de fer, soluble, favorisait peut-être aussi la végétation de cette algue, qui est avide de fer. Quoi qu'il en soit, depuis que des mesures ont été prises pour supprimer l'accès des résidus de distillerie à l'aqueduc collecteur, il n'a plus été question de *Crenothrix* ni d'altération des eaux de Lille.

Ainsi, les résidus de distillerie obligèrent une grande cité à fermer, au prix de nouvelles dépenses, l'accès de ses réservoirs à l'eau de la nappe souterraine. A Roubaix-Tourcoing, la Commission qui fonctionna de 1883 à 1885, éclairée sans doute par les déceptions éprouvées à Lille, renonça d'emblée à demander l'eau de distribution à la nappe des sables verts, située cependant à une profondeur de quinze mètres, aux environs de Roubaix. « Il est à craindre, dit le rapport du 26 janvier 1884, que ces eaux ne soient souillées par les puits perdus. » Celles des nappes superficielles de Roubaix et de Tourcoing, peu abondantes, sont, à plus forte raison, « sujettes à s'altérer, dit M. l'ingénieur Olry, par suite des infiltrations des eaux ménagères et industrielles. » Je rappelle que, les villes du Nord usant à peu près exclusivement des fosses fixes, les puits perdus dont il est question n'introduisent dans la nappe souterraine que les résidus industriels. Les eaux industrielles sont, d'ailleurs, expressément visées dans les motifs pour lesquels M. l'ingénieur Gruson repoussa l'exploitation de la nappe des sables verts. On s'est décidé à prendre l'eau à la nappe de la craie, encore plus profonde et séparée de la précédente par un banc de glaise dure, de quatre mètres d'épaisseur. Les forages seront établis aux environs de Marchiennes, dans la vallée de la Basse-Scarpe, à cinquante kilomètres de Roubaix. (Devos. *Avant-projet de distribution d'eau potable*. Roubaix, 1887.)

Nous n'avons emprunté jusqu'ici nos arguments qu'à la région du Nord. On nous pardonnera d'avoir un peu trop largement mis en vue les faits que nous connaissons le mieux, et que nous voyons tous les jours, en vivant côte à côte avec les merveilles et avec les misères de l'industrie. Il ne nous eût pas été impossible de trouver, sur divers points de la France, des cours d'eau aussi compromis que ceux du Nord et des nappes souterraines aussi suspectes. A Reims, la *Vesle* est assez exactement dans les mêmes conditions que l'Espierre à Roubaix, recevant surtout les eaux de l'industrie de la laine et très peu d'excrétions humaines, puisque la ville a conservé les fosses fixes (il en est visité 4,000 par an). Heureusement, l'industrie ne semble pas avoir compromis la nappe souterraine à laquelle Reims puise son eau de distribution, sur la rive gauche de la Vesle, qui ne l'influence pas non plus, comme c'est la règle. Si cette eau est assez riche en nitrates, elle le doit, selon l'appréciation fort plausible de M. Lajoux *(Rapport du Bureau d'hygiène pour 1887*. Reims, 1888, p. 127), à la fumure des champs cultivés, à l'agriculture et non à l'industrie. Elle n'en est pas moins très bonne. Il faut dire que « la plus grande partie de la nappe d'eau utilisée pour les besoins de la ville provient surtout des localités situées *au-dessus* de Reims. » Quant aux puits intra-urbains, qui, pour la plupart, ne communiquent pas avec cette nappe, leur eau trahit bien l'influence des eaux ménagères et industrielles ; elle est impotable dans plus de la moitié d'entre eux.

Hâtons-nous d'ajouter que la Vesle va bientôt cesser d'être le fléau des riverains en aval de Reims et que les égouts de la ville ne lui verseront plus que de l'eau épurée.

Les résumés que fait, tous les ans, le *Comité consultatif d'hygiène* des travaux des conseils de salubrité qui lui parviennent, peuvent être parcourus avec fruit, au point de vue qui nous occupe. En 1878, c'est le conseil d'hygiène de Limoges qui défend la *Vienne* contre une fabrique de colle ; celui de Grenoble qui repousse du *Bréda* les eaux d'une fabrique de pâte à papier ; celui de Meurthe-et-Moselle, qui prend sous sa protection, contre les fabriques de drap, les eaux de la *Crusne*, à Longuyon ; le conseil de la Gironde qui résiste à l'infection des eaux par les lavoirs privés ; ceux de la Seine-Inférieure et de la Charente-Inférieure qui agissent de même à l'égard des buanderies ; celui des Vosges, qui accuse les féculeries de produire l'acide sulfhydrique et de tuer le poisson dans les rivières du pays, si limpides naguères et si riches en espèces recherchées. A la même époque, les riverains de la Meurthe se préoccupaient déjà de l'écoulement des eaux chlorurées des fabriques de soude de la Compagnie Solway ; nos collègues, Delcominète, Ritter, comme un peu plus tard M. le professeur Poincaré, innocentèrent, à vrai dire, cette pratique, au moins pour ce qui regarde la vitalité du poisson. Espérons que l'industrie n'abusera point de cette indulgence.

En 1880, à Nantes, on compare la *Chézine* à la Bièvre dans la traversée de Paris. Dans le département de l'Oise, on constate que le *Thérain* et la rivière d'*Esches* sont infectés par les déjections d'usines établies sur leurs bords, résidus d'industrie et excrétions humaines ; à Vannes, on réclame contre la tannerie qui souille les eaux d'un étang, collection qui a probablement le droit de compter aussi dans les eaux publiques qu'il faut protéger. Les fabriques de soude de Rassuen, en 1882, qui laissaient communiquer leurs eaux acides (acide chlorhydrique) avec le *Canal d'Arles*, donnèrent lieu à une protestation des riverains de l'étang très poissonneux de Port-de-Bouc. Dans l'Aisne, on se plaignait de l'altération des eaux de la *Crise* par la sucrerie de Noyant et Aconin. En Seine-et-Marne, en 1883, on a dû se prémunir contre une fabrique d'aniline ; dans la Creuse, imposer un traitement aux eaux de teinturerie ayant leur déversement aux cours d'eau. A la même époque, les conseils d'hygiène de Seine-et-Oise constataient que l'*Yvette* recevait les eaux épurées de 4 tanneries, 1 mégisserie, 14 moulins ou usines hydrauliques, 1 fabrique d'eau de javelle, 1 effilocherie de laine, 7 abattoirs, 1 papeterie et 146 lavoirs.

Dans le département de la Seine, il est vulgaire que c'est l'industrie qui fait de la *Bièvre* un cours d'eau ignoble et dangereux, dès avant son entrée dans Paris ; on se rappelle la belle étude de Poggiale sur cette situation, en 1875 : « Cette rivière reçoit sans épuration préalable toutes les eaux industrielles des établissements élevés sur ses bords », blanchisseries, féculeries, tanneries, distilleries, fabriques d'eau de javelle. Dans Paris, elle a la spécialité d'être l'émonctoire d'une foule d'établissements qui travaillent les peaux. Aussi se plaignait-on de toutes parts, en ce temps-là. Les industriels se plaignaient même les uns des autres, et ils avaient raison. Aujourd'hui, et depuis 1879, dit M. Rives (*Causes d'insalubrité spéciales au quartier de la Maison Blanche*, Paris, 1887), on laisse l'Administration en repos, parce que plus de deux kilomètres de la rivière sont convertis en un canal couvert qui va se perdre dans le collecteur de la rive gauche. Mais que de travail et d'argent n'a-t-il pas fallu pour arriver à ce résultat, qui, au fond, n'est qu'un voile jeté sur la pollution du cours d'eau? La souillure de la Seine elle-même n'y perd rien, puisque le fleuve retrouve ces eaux à Clichy.

D'ailleurs, la *Seine* aussi, avant la traversée de Paris, reçoit les eaux de l'*Essonne*, grossie de la *Juine*, toutes deux chargées des résidus de papeteries, de féculeries, teintureries, laminoirs, etc., etc. (*Infection de la Seine. Rapport de* Félix Boudet, octobre 1874), et les eaux des usines de Choisy-le-Roi et du Port-à-l'Anglais. La papeterie d'Essonne, heureusement, depuis quelques années, traite par la chaux et par la décantation ses 10,000 mètres cubes d'eaux résiduaires avant de les projeter à la rivière. Au-dessous de Paris, et sans parler des eaux du dépotoir de Bondy, les usines de Saint-Denis et des environs ont fait penser, en diverses occasions, que le tribut versé par elles au *Croult,* au *Rouillon,* à la *Vieille mer,* pouvait bien compter pour une part sérieuse dans l'infection de la Seine. Il semble que la situation, aujourd'hui, se soit améliorée et que grâce aux efforts du conseil d'hygiène, elle soit devenue tolérable.

Une circonstance capitale, qui fait qu'on ne se plaint point trop des eaux industrielles sur les bords de la Seine, c'est que celles-ci se mêlent aux eaux urbaines et qu'en accusant en bloc les *eaux d'égout,* il semble inutile ou impossible de faire la part des liquides domestiques, des excrétions humaines et des déchets d'industrie. La plupart des grandes villes manufacturières anglaises sont, à cet égard, dans le même cas que Paris. En Allemagne, Berlin, Breslau, Francfort-sur-Mein, Cologne, Wiesbaden, Halle-sur-Saale, etc., mélangent aussi les excrétions des habitants à celles des usines, quelques-unes pour projeter le tout au fleuve, avec ou sans épuration. Mais nous trouvons encore dans ce dernier pays, la ville d'Essen (68,000 hab.), qui a exclu, jusqu'au moment de l'installation du procédé d'épuration (Röckner-Rothe) dont elle jouit aujourd'hui, les matières fécales de ses égouts et n'en polluait pas moins, à un haut degré, le petit ruisseau *la Berne,* de même que ses eaux industrielles ont rendu impotable toute la nappe souterraine de cette zone. Les usines d'Elberfeld paraissent aussi être les vraies coupables dans l'infection de la *Wupper,* qui, d'après le docteur Christian Le Blanc, d'Opladen (*Die Verunreinigungen des Wassers durch anorganische Säuren aus gewerblichen Betrieben,* etc. In *Ergänzungshefte zum Centralblatt für allgemeine Gesundheitspflege,* II, 5, 1889), ne bénéficie plus de l'assainissement spontané que proclamait Wolffhügel, en 1882. On ne peut plus y prendre l'eau nécessaire à la teinturerie et il a fallu creuser des puits à dix mètres du bord. Quand la rivière a débordé, en été, les chevaux refusent le foin que ses eaux ont baigné, et les vaches pleines qui en mangent avortent.

II

Propriétés des résidus que l'industrie mêle aux eaux publiques

Il semble utile de modifier le tableau que MM. Schlœsing et Durand-Claye avaient inséré dans leur rapport, en 1878, et d'établir une classification des résidus plutôt hygiénique que scientifique, reposant sur une sorte de hiérarchie dans l'échelle de nocuité.

1° Résidus encombrants. — Les scories de la métallurgie, les mâchefers, la terre provenant du lavage des betteraves, sont des types de résidus purement encombrants. Ces matières n'ont que le tort, assez grave toutefois, d'exhausser le lit des rivières. A vrai dire, elles peuvent servir de support à d'autres résidus plus dangereux et former, avec ceux-ci, une vase compromettante. Parmi ces derniers, il en est, comme les matières organiques putrides, qui sont également *encombrants,* tout en possédant des propriétés fâcheuses.

La *chaux* qui a servi à épurer certaines eaux, que l'on écoule à la rivière sans décantation suffisante, peut sans doute être rangée parmi les résidus encombrants. Les *chlorures* de sodium ou de calcium et les *nitrates,* qui passent dans la nappe souterraine et dans les cours d'eau, d'ordinaire à la suite de l'épuration par le sol, mais quelquefois directement, restent habituellement dans des proportions qui permettent de ne pas les inscrire dans une classe plus élevée que celle-ci. Mais, même à l'égard des matières simplement encombrantes, il convient de limiter la tolérance, puisqu'en changeant le titre hydrotimétrique de l'eau, on altère déjà ses qualités naturelles. Il suffit d'élever la proportion des sels terreux pour faire disparaître certaines espèces de poissons et rendre l'eau impropre à la consommation des machines à vapeur. Les eaux *séléniteuses* sont toujours prêtes à donner de l'hydrogène sulfuré. On l'a vu à propos de l'eau des houillères. D'après Kœnig, l'eau qui renferme plus de 1 gramme de chlorure de sodium ou de calcium par litre est impropre à l'irrigation.

2° Résidus odorants ou colorés. — Les usines à gaz, la distillation du goudron de houille, les fabriques d'essence minérale, etc., envoient parfois dans les puits ou dans les petits cours d'eau des résidus liquides odorants, qui, naturellement, font repousser de tous les usages l'eau de ces puits ou ruisseaux. Il en est à peu près de même de l'eau nuancée par les résidus de teintureries ou de fabriques de couleurs, lors même qu'elle ne serait pas positivement nuisible. Nous avons l'habitude de regarder l'eau comme un liquide « incolore et inodore ».

3° Résidus acides. — Les acides *sulfureux, sulfurique, nitrique, hypochloreux, chlorhydrique*, produits ou employés largement dans l'industrie, sont les plus compromettants pour les eaux. Nous retrouverons les acides *arsénieux* et *arsénique* parmi les poisons.

L'acide sulfureux, mêlé à la fumée de la combustion des houilles pyriteuses ou provenant du travail des minerais de zinc, des fabriques de bleu d'outremer, se convertit en acide sulfurique dans l'atmosphère et est rabattu sur le sol avec l'eau des pluies, qui est essentiellement une « eau publique ». La végétation souffre beaucoup de cette rosée ; les puits s'en ressentent, mais surtout les citernes, dans les localités où l'on recueille l'eau des pluies pour les usages domestiques. La proportion d'acide sulfurique n'est pas très élevée, et quelques industriels ont insinué aux consommateurs qu'en ajoutant un peu de sucre, ils auraient à leur disposition de la limonade sans grands frais. La population d'Aniche n'a pas soupçonné cet avantage et, naguères, elle réclamait énergiquement, au point de vue de l'acidité de son eau de citerne, contre la fumée des verreries de l'endroit.

Il est clair que les eaux résiduaires de la métallurgie du zinc et des fabriques de bleu contiennent le même acide sulfureux en dissolution. On le retrouve, avec des quantités variables d'acide sulfurique, dans les eaux des fabriques de bougies stéariques, de certains procédés de blanchiment (soie, laine, plumes, etc.).

L'acide sulfurique lui-même coule, avec les eaux des usines dans lesquelles on le produit, des pyrites de fer ou dans les *chambres de plomb*. Chr. Le Blanc raconte qu'une chambre de plomb s'étant rompue, l'eau des puits fut perdue dans un rayon de 150 mètres. Cet acide est employé dans la fabrication de l'acide stéarique, de l'acide chlorhydrique au moyen du sel marin, de la potasse par le procédé Leblanc, dans l'affinage des métaux, la raffinerie de l'huile, la rectification du pétrole, le blanchiment de l'amidon, la fabrication de la paraffine, les fonderies de suif, les distilleries (saccharification de la pulpe de pommes de terre, du maïs). Les eaux sortant des usines où s'accomplissent ces opérations ont des chances d'en renfermer des quantités plus ou moins grandes.

Nous avons dit (*Nouveaux éléments d'hygiène*, 2ᵉ édition, 1889, p. 156), d'après C. Weigelt, que l'acide sulfureux est déjà très nuisible aux poissons, à la dose de 0.0005 p. 1000; l'acide sulfurique, à 0.1 p. 1000 (l'acide azotique, comme l'acide sulfurique).

Il ne se perd pas beaucoup d'acide nitrique dans la fabrication de cet agent, parce qu'il a une valeur sérieuse. Ce sont plutôt les eaux des usines où il est employé qui en répandent autour d'elles. Il sort *d'oxydant* ou de *nitrifiant*. Dans les opérations du premier ordre, il fournit des vapeurs d'acide azoteux et hypoazotique, que la pluie rabat ensuite. Dans le second cas, il se trouve partiellement dans les eaux résiduaires. Ainsi les eaux des fabriques de *nitroglycérine* renferment de l'acide sulfurique, des acides azoteux et hypoazotique. Le docteur Le Blanc, d'Opladen, rapporte que, dans les premiers temps de la fabrication de la dynamite dans sa région, les eaux résiduaires, déversées sur le sol ou dans des puisards, ont modifié la nature du sol en épuisant les carbonates par les acides, de telle sorte que les eaux météoriques continuent à laver les composés qui en sont résultés et que l'eau souterraine ne sera pas pure avant de longues années.

Les acides picrique, oxalique, benzoïque, cyanique, accompagnent le précédent dans les eaux de fabrication de l'*acide picrique*, de la *Nitrocellulose*, du *Nitrobenzol*, et sont tout aussi compromettants.

Les hypochlorites de potasse, de soude, de magnésie, employés dans le blanchiment rapide des tissus végétaux et dans la fabrication du papier, fournissent aux eaux résiduaires du chlorure de calcium, du chlorure de chaux, des acides chlorhydrique et sulfurique. Dans la fabrication du *blanc de baryte*, l'action de l'acide sulfurique sur le chlorure de baryum donne lieu également à des eaux acides.

Le chlorure de chaux est un des corps les plus funestes que l'industrie puisse verser dans les eaux, puisqu'il est toxique pour les poissons, entre 0.0008 et 0.005 pour 1.000.

Tous les acides répandus sur le sol, en quantité suffisante, présentent cet inconvénient qu'ils en augmentent outre mesure la perméabilité et, en dissolvant la partie calcaire du terrain, y pratiquent des lacunes et des voies imprévues, qui peuvent troubler singulièrement les résultats de l'irrigation. Peut-être s'est-il passé quelque chose de ce genre dans le vallon d'Houplin (Lille) en 1882, sous les irrigations des vinasses acides de la distillerie Schotsmans, qui altéraient l'eau municipale.

4° Résidus toxiques. — Ceux dont il vient d'être question le sont déjà, plus ou moins énergiquement, et nous ne les avons mis à part qu'à cause de la conséquence spéciale de l'acidité, qui vient d'être signalée. D'autres ne sont remarquables que par la netteté et l'intensité de leurs propriétés toxiques.

Tels sont les résidus arsenicaux provenant du travail des mines d'arsenic et, plus ordinairement, des fabriques de fuchsine ou de papiers peints. Dans ces dernières, l'arsenic du *vert de Schweinfurt* donna lieu à des accidents mortels par l'eau de puits empoisonnés, à Nancy (Tardieu); de la part des fabriques de fuchsine. Chr. Le Blanc cite, d'après J. Kœnig, Eulenberg et J. Kratter, des accidents de même ordre, survenus à Bâle, à Barmen et à Elberfeld, à la suite de l'usage d'eau de plusieurs puits qui avaient reçu les eaux résiduaires de semblables usines. On se rappelle les intoxications produites par les eaux arsenicales de l'usine de Pierre-Bénite, sur le *Petit-Rhône*, en 1862. Aujourd'hui, les *couleurs d'aniline* sont encore obtenues, en diverses manufactures, spécialement à Saint-Denis, croyons-nous, à l'aide de l'acide arsénique comme corps oxydant. Dans les grands fleuves, les eaux résiduaires arsenicales sont tout d'abord assez diluées pour être peu dangereuses. Ensuite, il y a dans l'eau fluviale assez de fer pour réaliser des combinaisons insolubles de fer et d'arsenic. Mais comme cette éventualité admet quelque incertitude et quelque délai, les administrations interdisent généralement le déversement aux eaux publiques des lessives arsenicales.

Les industries qui manient le plomb, le phosphore, le mercure, en dehors du travail des minerais, donnent peu d'eaux résiduaires et ne sont pas accusées au point de vue qui nous occupe. Les dangers qu'elles présentent sont intérieurs.

5° Résidus putrides. — Ce sont les plus communs et les plus abondants de tous ceux que l'industrie verse aux eaux publiques. Il faut, naturellement, y réunir toutes les matières organiques mortes qui, sans être encore envahies par la putridité, au moment de leur projection, sont fatalement destinées à l'être à bref délai. Nous n'avons, ici, qu'à rappeler les traits du tableau esquissé au début et les méfaits absolument vulgaires des abattoirs, des amidonneries, féculeries, routoirs, peignages de laine, tanneries, papeteries, etc., etc.

Ce sont ces matières putrides qui, en absorbant l'oxygène de l'eau par leur décomposition, font surtout périr les poissons (par asphyxie) ; elles qui empuantissent et troublent les rivières, éloignent les promeneurs et les baigneurs, rendent l'eau impropre à désaltérer le bétail et à servir à d'autres industries. Les rivières qui les reçoivent sont perdues pour les approvisionnements municipaux d'eau de boisson ; les nappes sous-jacentes aux terrains sur lesquels on les étend parfois n'en sont pas fatalement compromises, mais elles courent souvent de grands risques par le fait du mode vicieux dont les industriels exécutent ces irrigations ou épandages.

La plupart du temps, la souillure industrielle est tellement intense qu'il n'y a plus lieu de poser la question de la nocuité de l'eau altérée, prise en boisson, parce que personne n'est plus tenté d'en boire. Mais nous sommes de ceux qui croient qu'il faut ménager les choses naturelles qui rendent l'existence agréable, dans l'intérêt des gens qui n'ont pas le moyen de s'offrir des agréments artificiels. Il est mauvais de transformer une rivière limpide, qui traversait une contrée, en un égout à ciel ouvert. Respirer un air fétide et ne pouvoir laver, à la rivière, ni sa personne ni ses effets, peut passer au moins pour une privation.

A un degré moindre, la souillure organique ne rend pas les eaux manifestement impotables ; cela arrive surtout de l'eau souterraine : les groupes en boivent. Donc personne ne saurait prétendre, tant que la souillure est banale, qu'il en résultera une maladie épidémique ; mais il y aura des troubles digestifs. On pensait autrefois que des circonstances pareilles peuvent engendrer la fièvre typhoïde : c'est une erreur, sans doute. Cependant, nous croyons toujours qu'il n'y a pas de préparation plus parfaite que celle-là à recevoir les germes typhogènes et à assurer leur développement.

6° Résidus infectieux. — Indépendamment du lavage des

laines, qui peut mettre les bacilles charbonneux dans l'eau de l'Espierre, comme on l'a vu, il est clair que les eaux d'abattoir peuvent porter aux rivières des microorganismes pathogènes divers, celles d'équarrissage encore plus probablement. Les blanchisseries, ou plutôt les lavoirs, sont particulièrement redoutables, à cet égard, et l'on ne voit pas quel microbe pathogène pour l'homme aurait le privilège de ne pouvoir être mêlé à l'eau par cette industrie : ce n'est, à coup sûr, pas celui du choléra ni de la fièvre typhoïde. Quant aux bacilles de la tuberculose, de la diphtérie, voire aux organismes soupçonnés de la rougeole, de la variole, il ne semble assurément pas impossible que le lavage des linges des malades les entraîne dans l'eau avec les souillures dues aux crachats, au mucus nasal, au pus variolique. Nous croyons toujours, malgré les résultats de laboratoire, bien intéressants d'ailleurs, de MM. Straus et Dubarry, que *les microbes pathogènes ne sont pas faits pour l'eau* et qu'ils n'y sont pas longtemps dangereux. Mais nous devons, en pratique, exiger que ces microbes ne soient, à aucun moment, dans les eaux qui peuvent venir au contact de l'homme, intérieurement ou extérieurement. La formule admise par toutes les écoles, c'est que le minimum des qualités de l'eau est de ne renfermer *ni matière toxique, ni matière infectieuse.*

III

Les procédés techniques de protection des cours d'eau et nappes souterraines contre les résidus industriels

Les procédés techniques de protection des eaux publiques sont essentiellement de deux ordres. Dans une première série de moyens, l'industrie ne fait pas d'eaux résiduaires ou, si elle en produit, s'abstient d'y mettre des éléments nuisibles ; dans une autre, elle fait subir à ses eaux résiduaires un traitement qui en neutralise ou transforme les éléments dangereux, permet de les extraire ou de les fixer et de ne rendre aux rivières et nappes qu'une eau absolument inoffensive.

Les administrations, en France, disposent d'un moyen détourné d'épargner aux villes le désagrément des eaux souillées par l'industrie : c'est de refuser l'autorisation de s'installer sur le bord des cours d'eau, en ville ou en amont, aux établissements de première ou de deuxième classe, conformément au *Décret du 15 octobre 1810* et aux actes

qui l'ont suivi. En supposant que l'on ne mette point dehors les éta
blissements qui existent déjà en ville, il y a là au moins un palliatif
pour les citadins. Le conseil d'hygiène du Nord, en 1883, sur le
rapport de M. Thibaut, a ainsi repoussé la demande d'un industriel
qui se proposait de créer une amidonnerie sur la Deûle, un peu au-
dessus de Lille. Au dernier congrès des hygiénistes allemands, à
Francfort-s.-M., on a demandé que les dispositions un peu vagues
du règlement industriel des 21 juin 1869 et 1er juillet 1883 (*Gewer-
beordnung*) fussent complétées par des prescriptions uniformes, permettant aux grandes municipalités d'éloigner de certains points du
territoire de la commune les industries incommodes. L'un des ora-
teurs, le docteur Lent (de Cologne) a même reconnu, à ce propos, la
supériorité de la législation française. Mais le gouvernement allemand résiste. Au fond, quelques grandes villes modernes ne doivent
leur développement qu'aux usines autour desquelles les populations
se sont groupées. Il serait étrange d'expulser aujourd'hui ces usines.
D'ailleurs, elles iront s'installer en quelque autre point; les ouvriers
les suivront; les marchands suivront les ouvriers; une nouvelle
ville se formera, pénétrée d'établissements industriels. Et ce sera
toujours la même chose.

Pourtant, le décret de 1810 est une protection pour les villes non
industrielles, à coup sûr, et même il peut encore servir à modérer,
dans les villes créées par l'industrie, les excès de celle-ci. M. le
docteur Martin dira mieux quelle peut être la portée de ce décret.

On peut remarquer qu'en l'appropriant à la protection des eaux
publiques, on ne fait qu'utiliser une des mesures générales de l'assainissement industriel *extérieur*. Il en est à peu près de même de la
plupart des moyens techniques qui vont nous occuper; ils protègent
le sol et l'air en même temps que l'eau.

1º SUBSTITUTION D'AGENTS INOFFENSIFS AUX AGENTS DANGEREUX
DANS LES OPÉRATIONS INDUSTRIELLES. — Une telle substitution peut
souvent se faire sans aucun inconvénient pour les industriels, autre
que les frais nécessaires pour modifier l'ancien outillage. Ainsi, il
est possible, comme l'a montré Coupier, en 1869, de se passer de
l'oxydation de l'aniline par l'acide arsénique et d'obtenir la rosani-
line en chauffant l'aniline avec le nitrobenzol, l'acide chlorhydrique
et un peu de fer. En fait, les nouvelles fabriques de fuchsine abandonnent l'usage de l'arsenic, compromettant pour le produit aussi
bien que par les résidus

De même, la fabrication de la soude par l'ammoniaque, adoptée par la Compagnie Solway, évite les charrées de soude. On décompose le sel marin par l'ammoniaque et l'acide carbonique. On obtient du carbonate de soude et du chlorhydrate d'ammoniaque, qui est distillé pour régénérer l'ammoniaque.

Les sucreries modernes (*Rapport du Conseil d'hygiène du département de Seine-et-Oise pour 1884*) commencent à restreindre l'usage du *noir*, dont le lavage est si gênant pour les cours d'eau et que l'on peut remplacer, paraît-il, par une défécation complète des jus sucrés au moyen de la chaux, suivie d'une double carbonatation.

Les *amidonneries* abandonnent le procédé par *fermentation*, qui était une véritable putréfaction ; et s'il reste encore en abondance de la matière organique dans leurs eaux, au moins n'est-elle pas putride de prime abord.

Le *rouissage* à l'eau pourra probablement être remplacé, quelque jour, par le rouissage à la vapeur.

Il suffit de ces exemples pour montrer qu'à l'aide des progrès de la science et de la technique, en se donnant la peine de chercher un peu, les industriels peuvent souvent rendre leurs procédés inoffensifs, tout en arrivant au même résultat qu'auparavant. Il y a donc lieu de les encourager dans cette voie et, au besoin, de les y pousser, en tenant rigueur à ceux qui conservent les réactions compromettantes. L'objection des intéressés est facile à soupçonner : c'est la dépense qu'entraîne, dans les usines existantes, la réforme de l'outillage. Elle ne touche les hygiénistes que dans la mesure de leur juste sympathie pour l'industrie; mais encore ne saurait-elle contrebalancer la raison sanitaire.

Les fabriques de papiers peints peuvent, sans doute, trouver d'autres verts que le vert de Scheele ou celui de Schweinfurt. En Prusse, on a pris le moyen d'obliger les industriels à les chercher : l'emploi des couleurs arsénio-cuivriques, dans les papiers ou pour la peinture des appartements, y est interdit; il est, de même, défendu de vendre des objets peints avec ces couleurs ou d'en avoir en étalage. En France, le vert de Scheele a déjà disparu des fabriques de papiers peints et l'usage du vert de Schweinfurt est bien réduit.

2º EXPLOITATION INDUSTRIELLE DES RÉSIDUS. — Les acides, les matières toxiques et d'autres, qui se trouvent dans les résidus, ont souvent été l'un des agents de la fabrication spéciale, et peuvent rentrer dans des opérations industrielles d'une autre nature, ou faire l'objet d'un commerce parallèle. Il y a donc une utilité positive, dans des cas semblables, à s'efforcer de retirer des eaux résiduaires les substances de quelque valeur. Si les industriels ne le font pas ordinairement, c'est que cette valeur ne dépasse pas sensiblement celle du temps et de l'argent qu'il faudrait pour les recueillir. Il est moins coûteux de les acheter toutes neuves.

Un exemple déjà ancien de ce mode d'assainissement par extraction de la partie utile des résidus, est celui que rapporte M. de Freycinet (*Traité d'assainissement industriel*, Paris, 1870, p. 6), des salines de Dieuze, qui, à la suite de l'interdiction de la rivière à leurs *marcs de soude*, se sont mises à extraire de ces marcs le soufre et d'autres éléments utiles. Nous ne pourrions dire ce qu'il en est, aujourd'hui, des pratiques de la Compagnie de Dieuze ; mais, à Lille, l'usine Kuhlmann ne paraissait pas avoir essayé le procédé, jusqu'en ces derniers temps. « Les moyens de régénérer le soufre ne sont pas suffisamment rémunérateurs pour être exploités industriellement. » (Thibaut : *Conseil d'hygiène du Nord*, 1886.) Harcelée avec quelque insistance par le conseil d'hygiène, l'usine des produits chimiques du Nord a fini par installer, à Deulémont, où elle conduit ses charrées de soude, un établissement dans lequel on extrait méthodiquement le soufre de ces résidus, depuis deux ans. Les usines d'Hautmont n'extraient pas le soufre ; elles recourent, vis-à-vis de leurs charrées de soude, à un autre moyen, celui de les déposer « en couches minces et non tassées sur une grande étendue de terrain, » d'ailleurs à une bonne distance de la Sambre et avec une digue puissante entre elles et la rivière. En général, la Sambre est effectivement épargnée. Pourtant, M. Thibaut la trouvait sulfurée en 1884. On ne parle pas de l'eau souterraine en ces points.

Nous avons dit autrefois, à propos de la fabrication du bleu d'outremer (*Annales d'hygiène*, XII, p. 407, 1884), que les eaux de lavage de cette industrie sont reprises et évaporées pour en retirer le sulfate de soude, tant qu'elles en contiennent plus de 5 à 6 p. 100. Les dernières eaux, qui n'en renferment pas assez pour compenser les frais d'extraction, sont simplement versées à l'égout. On ne paraît pas, dans cette industrie, se préoccuper de l'acide sulfureux ni des sulfures, que ces eaux charrient également. Il y aurait peut-être lieu d'y reprendre aussi le soufre ou de convertir l'acide sulfureux en **acide sulfurique**, utilisable comme tel.

Dans les fabriques de dynamite, on traite les résidus acides par un courant de vapeur et d'air, dans un *dénitrificateur*. Les vapeurs nitriques et nitreuses qui se dégagent sont condensées à l'état d'acide nitrique ; l'acide sulfurique s'écoule par un serpentin, à 56° Baumé.

Les acides ainsi obtenus servent à fabriquer du nitrate de strontium et du sulfate de baryte ; ou encore, l'acide sulfurique rentre dans la fabrication de l'acide nitrique. Le commerce les reprend volontiers. Les eaux qui ont lavé la nitroglycérine ne renferment pas assez d'acide pour que ce soit la peine de l'extraire. On ne doit les évacuer sur le sol qu'après traitement par la chaux et décantation. (Chr. Le Blanc, *loc. cit.*).

Il y a un assez grand nombre de produits dans la fabrication desquels pourrait entrer l'acide sulfurique des résidus et celui qui proviendrait de l'oxydation de l'acide sulfureux. Ainsi, le sulfate de soude, les sulfates de zinc, de magnésie ; sans parler de la fabrication de l'acide chlorhydrique, de l'acide stéarique, de l'affinage des métaux, etc.

Les eaux résiduaires de la fabrication du chlorure de chaux renferment de grandes quantités de chlorure de manganèse et sont tellement acides que l'on a évalué, en Angleterre, la perte d'acide chlorhydrique à la moitié de tout celui qui est produit. Les canaux et rivières en sont acidifiés à un point intolérable. Par le *procédé Weldon*, les lessives sont traitées par la chaux, et le peroxyde de manganèse récupéré sert de nouveau à produire du chlore. On en use ainsi, croyons-nous, à la blanchisserie Wallaert, à Loos (près Lille).

Dans le *procédé d'A. W. Hoffmann*, les lessives sont traitées par une solution de résidus de soude et le précipité est oxydé à l'aide de nitrate de soude ; elles peuvent aussi être employées avantageusement pour la désinfection, la purification du gaz d'éclairage, la conservation des bois, la préparation des couleurs, l'extraction du cuivre des scories pyriteuses, dans l'industrie du verre, etc.

En 1878, au conseil d'hygiène du Nord, à l'occasion de la pollution de l'Helpe-Mineure par les peignages de laine de Fourmies, plaie déjà vieille et qui s'approfondissait de jour en jour, il fut beaucoup question d'un *procédé Walocque*, par lequel « le problème industriel, économique et hygiénique », disait-on, était désormais résolu en ce qui concerne les eaux résiduaires de ces sortes d'opérations. « Ce que MM. Walocque et Cie ont recherché, c'est un procédé de clarification qui rende les industriels indemnes, en trouvant dans l'utilisation des matières grasses des bénéfices de nature à couvrir les frais. Ils y sont arrivés en éliminant, au moyen d'un désuintage préalable et complet des laines en suint ou même lavées, les composés organiques réfractaires à la saponification..... Les eaux de désuintage, concentrées par des lavages méthodiques, sont évaporées ; le résidu sirupeux, calciné dans des fours à réverbère, abandonne par lixiviation du carbonate de potasse très pur, qu'on décante avec la chaux vive et qu'on combine aux acides gras, pour la régénération de savons d'excellente qualité, lesquels rentrent dans le travail de lessivage. » (Meurein.) Les acides gras, d'autre part, sont extraits des lessives au moyen du traitement de celles-ci, à 25 ou 30 degrés, par l'acide chlorhydrique en léger excès. Ces acides se séparent avec un peu de matière organique coagulée dont on se débarrasse par filtration. M. Mille rappelait, en 1882, à la suite du voyage à Londres de la Commission d'assainissement de Paris, que les graisses extraites ainsi peuvent servir à faire des savons, des bougies stéariques, de la graisse de voiture. Un brevet avait même été pris, par deux chimistes de Lille, pour un procédé d'extraction et de fabrication de l'acide stéarique, qui était appliqué dans la vaste usine Vinchon, à Roubaix. En 1884, un sieur Gin, à Tourcoing, demandait l'autorisation d'ouvrir un établissement pour l'exploitation des graisses des eaux de lavage des laines. L'usine de Holden, à Croix, continue à les extraire de la façon qu'indiquait Durand-Claye dans son rapport de 1878, et qui ressemble infiniment au procédé Walocque, si ce n'est lui-même.

Mais, à Fourmies, où la méthode semblait avoir provoqué une sorte d'enthousiasme, si l'on continue à l'appliquer, il n'y paraît guère. L'inspecteur de la salubrité dans le département du Nord s'exprime ainsi dans un rapport de 1888 : « A Fourmies, à Vignehies, à Sains et à Avesnes, la situation est restée la même que l'an dernier ; *aucun industriel n'épure*, et les deux Helpes sont, dans ces régions, de véritables égouts à ciel ouvert. » L'extraction des graisses a cessé également dans l'usine Vinchon, à Roubaix, et nous croyons qu'elle ne se fait dans aucun des autres peignages de Roubaix-Tourcoing. La raison en est simple. On y a mis quelque entrain, à l'époque où les graisses se cotaient haut sur le marché ; aujourd'hui que leur prix a baissé de moitié, il n'y a rien à gagner à exploiter la suintine, la stéarine, etc., des résidus. Par économie de temps, on les envoie à l'Espierre. En d'autres termes, il ne faut pas compter sur les moyens d'assainissement que les industriels n'appliqueront que dans la mesure des bénéfices à en tirer ; ou encore, *l'épuration doit être obligatoire* et non facultative. Si l'hygiène s'intéresse à des procédés d'exploitation des résidus, c'est qu'il convient à ses tendances de s'assurer que les moyens d'assainissement ne sont pas onéreux à l'excès.

Sans doute, l'extraction des graisses n'est pas toute l'épuration. Mais c'en est une part très importante, à cause des incommodités spéciales pour l'œil et pour l'odorat qu'entraine leur présence dans l'eau.

Heureusement, les usines à laine extraient généralement la *potasse brute* des eaux de désuintage, par évaporation et calcination des résidus. Les eaux d'alentour sont soulagées d'autant.

3º DÉPOTS ET ENFOUISSEMENTS. — Cette pratique, d'un usage très ancien, suffit à détourner des cours d'eaux les résidus simplement encombrants, scories, mâchefers, substances terreuses. Mieux vaudrait encore utiliser les scories et mâchefers à des remblais, au revêtement des chaussées. A Dorignies, près de Douai, M. Delattre, quo la vigoureuse surveillance des ingénieurs de la navigation a empêché d'envaser par ses résidus le canal de la Scarpe, répand les boues qu'il obtient de ses eaux, traitées à la chaux et au perchlorure de fer (procédé Huet et Gaillet), sur les dépressions marécageuses des terrains qui lui appartiennent autour de l'usine. C'est une sorte de colmatage doublement avantageux.

Il va sans dire que ni l'amoncellement ni l'enfouissement ne sont tolérables, si les résidus renferment des substances toxiques solubles. Celles-ci, comme le fait remarquer M. Poincaré (*Traité d'hygiène industrielle*, Paris, 1886), peuvent aller, à la faveur de la lixiviation par les pluies et par l'intermédiaire de la nappe souterraine, contaminer les puits à distance; par suite, aussi, les cours d'eau. Les charrées de soude recouvertes d'argile tassée se prêtent moins à cette lixiviation; cependant, l'argile peut se crevasser par la sécheresse. Étendues en couches minces, ces charrées s'oxydent et deviennent des sulfates, qui ne gênent point l'air; cependant, il y a là une tendance à rendre l'eau souterraine séléniteuse, qui ne nous laisse pas sans arrière-pensée.

4º DÉNATURATION ET NEUTRALISATION. — Les résidus à proprement parler toxiques, arsenicaux, cyanurés, plombiques, mercuriels, ne sauraient, en principe, être admis dans les cours d'eau ni répandus à la surface du sol, d'où les pluies les entraîneraient dans la nappe souterraine. Peut-on se rassurer par la perspective d'une dilution extrême, que ces résidus rencontreraient dans les grands fleuves, ou par le fait de l'insolubilité qu'on leur donne, en les faisant entrer dans certaines combinaisons? Je ne conteste pas qu'en pratique on n'obtienne assez souvent l'innocuité de ces produits, à l'aide de l'une ou de l'autre de ces circonstances. Mais il pourrait devenir difficile de fixer l'importance des usines que l'on tolérera sur un grand fleuve et le point auquel le débit d'un cours d'eau sera incompatible avec le déversement de résidus toxiques. Il serait téméraire d'affirmer qu'un composé arsenical ou plombique, actuellement insoluble, restera indéfiniment tel, quelles que soient les réactions auxquelles il peut être exposé dans les cours d'eau ou au sein du sol. La prohibition pure et simple nous paraît, ici, la seule mesure que l'on puisse admettre officiellement. Dans son rapport de 1878, M. Proust indique un traitement par la chaux, des liquides arsenicaux, suivi d'évaporation avec ébullition, qui ne nous paraît pas avoir l'intention de terminer les opérations par l'envoi à la rivière. Il faut donc que ces résidus, réduits au moindre volume possible, restent à l'usine, dans des compartiments secs et étanches, sauf à être repris ensuite par des manipulations qui puissent faire rentrer leurs éléments actifs dans quelque nouvelle œuvre industrielle.

La *crémation* est indiquée par M. Poincaré comme un moyen de dénaturation des résidus industriels. Il est aussi radical que peu répandu, mais s'appliquerait bien aux résidus organiques, animaux surtout, comme il arrive à la fin des cultures et expériences dans les laboratoires de microbiologie bien tenus (soit dit sans faire d'assimilation). On songe à brûler les tourteaux de boues de l'Espierre, très riches en matières combustibles. Ils pourraient également fournir, par distillation, du gaz d'éclairage.

Par ailleurs, la neutralisation des résidus industriels repose essentiellement sur le principe chimique de la saturation des acides par les bases et, moins souvent, des bases par les acides. A la rigueur, comme l'entrevoit M. Poincaré, les diverses industries pourraient neutraliser leurs résidus les uns par les autres, puisque les unes fournissent des eaux acides et d'autres des eaux alcalines. En réalité, il s'agit presque toujours de saturer des eaux acides, et c'est, non une base alcaline que l'on emploie, mais une base alcalino-terreuse, la *chaux*, qui a, d'ailleurs, encore quelque autre vertu que celle de neutralisation. On lui adjoint parfois des rognures de fer, de zinc, de cuivre, dont le rôle vis-à-vis des acides n'a pas besoin d'être expliqué. Kœnig conseille de faire passer les eaux résiduaires renfermant de l'acide sulfurique libre et du sulfate d'oxydule de fer par de petits canaux en maçonnerie calcaire, interrompus de distance en distance par des bassins également en pierre calcaire, où l'eau tombe en cascade.

Les nitrates obtenus par la neutralisation au moyen de la soude, de la chaux, de la craie, des eaux renfermant de l'acide nitrique, forment des engrais recherchés.

N'envisageant encore, jusqu'à présent, que des situations et des effets simples, nous n'allons pas plus loin dans l'exposé du rôle assez complexe que peut jouer la chaux vis-à-vis de résidus également complexes ; nous le retrouverons tout à l'heure.

Il semble légitime de rapprocher de la neutralisation le *refroidissement* des eaux d'industrie, souvent évacuées chaudes et capables, pour cette raison, non seulement de tuer quelques habitants des cours d'eau, mais surtout de favoriser la fermentation dans les égouts et les rivières. Le conseil d'hygiène du Nord prescrit régulièrement aux distilleries le refroidissement de leurs eaux avant tout déversement aux courants publics.

5° DÉCANTATION. — C'est aussi un moyen fréquemment associé à d'autres et s'adressant à des situations variables. Nous le trouvons sous la forme la plus simple dans les prescriptions formulées par le conseil d'hygiène du Nord à l'égard des eaux de lavage de betteraves, qui charrient surtout de la terre. « Au sortir du lavoir des betteraves, l'eau limoneuse sera reçue dans un petit bassin en contre-bas, d'une capacité au moins double de celle de la bâche et dont le mur d'aval sera surmonté sur toute sa largeur d'une grille de fer fixe, posée sur le mur, et dont les barreaux verticaux seront espacés d'un centimètre au plus ; ce premier bassin sera curé d'une manière permanente. A leur sortie, les eaux limoneuses se rendront dans les bassins de dépôt par un aqueduc à ciel ouvert, construit en maçonnerie, dans lequel on placera à demeure fixe deux grilles à barreaux verticaux espacés de trois millimètres, destinées à s'opposer au passage des radicules et des fragments de racines, qui, dans aucun cas, ne doivent se rendre dans les bassins de dépôt. Ces derniers, au nombre de deux, recevront alternativement les eaux troubles du lavage, et leur capacité sera telle que la terre puisse s'y déposer complètement et que l'eau, sortant au-dessus d'un déversoir de superficie établi sur la crête du mur d'aval et sur toute sa largeur, soit complètement clarifiée. »

La décantation, dans le cas actuel, suffit à elle seule, puisque l'eau ne renferme pas de substance offensive dissoute. Dans une foule d'autres cas, où les résidus sont pour une part, solubles, pour une autre part, en suspension, elle est encore un auxiliaire d'une rare puissance. Elle imite un procédé naturel. On sait que l'eau des fleuves qui ont traversé un lac s'est épurée à un degré extraordinaire par précipitation spontanée, à la faveur du ralentissement du courant. Les bactéries elles-mêmes vont au fond. Il y a donc lieu de recourir souvent, dans les usines, aux bassins de décantation à parois étanches, lors même qu'il y aurait à compléter ensuite l'épuration des eaux.

Les grands inconvénients de la décantation, c'est la nécessité d'occuper une vaste surface par les bassins, celle d'extraire la vase déposée au fond de ceux-ci, la quantité de vase mi-fluide et la difficulté ordinaire d'en trouver le placement comme engrais. Le procédé ne s'adapte bien qu'à des exploitations particulières, ne fournissant qu'un volume d'eau modéré. On y a, sans doute, aussi recours vis-à-vis des eaux provenant d'un groupe d'industries représentant un volume énorme ; mais les embarras qui en résultent sont extrêmes.

6° ÉPURATION CHIMIQUE ET MÉCANIQUE. — Les méthodes dont il vient d'être question sont déjà, assurément, la *neutralisation* une épuration chimique, la *décantation* une épuration mécanique. Nous voulons parler spécialement dans ce paragraphe, des procédés qui réunissent systématiquement l'une et l'autre, avec quelques variantes selon les localités, et prétendent sensiblement à devenir des méthodes générales.

Le principe de ce traitement est assez simple : on fait agir sur les eaux sales, à peu près quelles qu'elles soient, une substance ou un mélange qui peut bien avoir pour résultat immédiat de les neutraliser, mais est surtout un *désinfectant* et un *précipitant* des matières impures ; puis, l'on place les eaux traitées dans des conditions convenables pour assurer le mieux possible cette précipitation, par le repos ou le ralentissement du courant, et terminer par la décantation, laquelle peut être aidée de la filtration mécanique.

Nous ne saurions ici reprendre la liste très nombreuse des *agents d'épuration chimique* essayés en Angleterre, en Allemagne et en France. Durand-Claye en a parlé longuement ; M. Bourneville y a ajouté la mention de divers mélanges nouveaux (*Rapport à la Chambre des députés*, Paris, 1887) ; nous avons nous-même revu et augmenté cette nomenclature (*Nouv. élém. d'hygiène*, 2ᵉ éd., Paris, 1889, p. 774). Il est nécessaire, toutefois, de redire que *le grand épurateur chimique, c'est la chaux*, comme elle était déjà le neutralisant alcalin par excellence. On y associe, selon les cas et sur divers points, le sulfate d'alumine, les sels de fer, le charbon ou quelque autre substance ; ainsi le procédé récent de Nahnsen-Müller, à Halle, y ajoute le sulfate d'alumine et la silice hydratée. Un autre mélange, d'application contemporaine, celui de Röckner-Rothe, à Essen, est encore le secret des inventeurs. Il en est de même du procédé Hulwa.

Le rôle de la chaux a des aspects multiples. Nous ne voulons signaler d'abord que l'effet de *précipitation* et de *clarification*, dont nous avons été témoin dans les expériences faites sur les eaux de l'Espierre et qui est tel qu'une couche de cet horrible liquide, traitée par la quantité convenable de lait de chaux, est limpide en 15 ou 20 minutes, sur les quatre cinquièmes de son épaisseur.

Il peut être bon aussi de relever quelques faits desquels il résulte que la chaux n'est pas précisément l'agent banal que l'on a pu croire, toujours efficace et jamais nuisible. Les expériences faites à Grimonpont (Roubaix) démontrent d'abord, en ce moment même, que la précipitation par la chaux est d'autant plus exacte que le lait est moins concentré ; puis, que les proportions de chaux à employer par mètre cube d'eau sale doivent varier selon la richesse en impuretés de ces eaux. Cette dernière circonstance complique vraiment la situation. La constitution des eaux de l'Espierre varie plusieurs fois dans la même journée, selon l'activité des usines de Roubaix et selon la nature des usines qui y déversent leurs résidus. Elles ne sont pas les mêmes quand ce sont les teintureries qui alimentent le ruisseau ou quand ce sont les peignages de laine. Il faudra, certainement, se préparer à verser plus ou moins de lait de chaux selon les heures de la journée et même à pourvoir à l'imprévu. A Halle, un ingénieux mécanisme verse le mélange désinfectant en proportion des quantités d'eaux-vannes qui passent ; mais l'on n'a pas tardé à remarquer qu'il fallait, à de certaines heures du jour, augmenter la dose du réactif, et l'on a disposé une cave, renfermant ce liquide, à laquelle on puise, au moment voulu, pour ajouter le complément nécessaire à la dose mesurée par l'appareil. Les mêmes irrégularités se manifestent à Francfort-sur-Mein.

En revanche, si la chaux est en excès, ce qui est toujours dans les tendances, elle dissout une part des matières organiques en suspension et, au point de vue de la matière dissoute, l'eau est plus sale après qu'avant, ainsi que nous l'avons signalé (*Revue d'hygiène*, X, p. 336, 1888), d'après le professeur Kœnig.

Dans le département du Nord, il s'est manifesté un autre inconvénient, que M. Thibaut a judicieusement fait remarquer. Le lait de chaux y est employé de temps presque immémorial. Le Conseil d'hygiène le prescrit, un peu banalement et non toujours à tort, comme traitement des eaux de distillerie, d'amidonnerie, de papeterie, d'abattoir, etc. Or, une Commission de ce Conseil a pu constater, l'année dernière, que, dans l'importante usine Duriez, à Bourbourg, les rigoles et bassins de décantation des vinasses de distillerie *chaulées* répandaient des odeurs fétides, qui n'existent pas dans les usines où les vinasses sont mises à décanter sans traitement. L'explication du fait est empruntée par M. Thibaut à Würtz : *l'excès de chaux favorise la formation d'acides gras, volatils et odorants*, particulièrement celle d'acide butyrique. Il y a donc lieu d'être réservé dans l'emploi de cet agent et, peut-être, dans quelques cas, d'y renoncer.

La décantation succède à l'action des agents chimiques, avec son effet ordinaire, hâté par l'espèce de collage que réalisent le carbonate de chaux, le sulfate d'alumine, le sel de fer. La vase qui reste, très fluide, parce qu'elle garde beaucoup d'eau, est d'une abondance extrêmement gênante. On en diminue le volume par l'emploi des *filtres-presses*, qui donnent, d'une part, une eau limpide, et de l'autre, un tourteau dense, relativement peu volumineux et maniable.

Au point de vue de l'hygiène, les eaux ainsi traitées ont d'ordinaire des caractères extérieurs supportables ; le public s'en contente souvent, en raison de l'effet de contraste entre l'eau ignoble qu'il connaissait et l'eau limpide, désodorisée notablement, qu'on lui présente. En réalité, les matières solides et les éléments susceptibles de se combiner avec la chaux sont seuls précipités dans des proportions sérieuses ; le professeur Kœnig nie formellement que les agents chimiques aient jamais précipité 40 °/₀ du carbone organique et 50 °/₀ de l'azote dissous. Quant à la richesse en bactéries, elle baisse toujours considérablement par le traitement chimique, à la chaux surtout et tant que la chaux est en excès ; celle-ci possède, en effet, des propriétés *désinfectantes* incontestables (Liborius, Kitasato, Pfuhl), mais dès qu'elle est neutralisée par l'acide carbonique, les bactéries reparaissent et se multiplient activement. Il est assez curieux que l'efficacité du procédé Hulwa contre les microbes des eaux-vannes soit attribuée, d'après M. von Sehlen, à l'alcalinité que ce réactif donne au liquide, alors qu'on sait que les alcalis sont moins funestes aux schizomycètes (sauf quelques-uns, bacille du lait, ferment acétique) que les acides. C'est néanmoins encore l'influence parasiticide de l'alcalinité sur les microbes pathogènes qui ressort du récent travail de Pfuhl. (*Zeitschr. f. Hyg.* VI, 1889.)

Un fait considérable donnera une idée du degré d'épuration que l'on peut obtenir par ces moyens. C'est l'exemple de Birmingham qui emploie ses eaux-vannes, *après épuration par la chaux et décantation*, à des irrigations fertilisantes sur un domaine de 500 hectares, la ferme de Tyburn, avec un plein succès d'ailleurs.

On peut donc se demander si les filets d'eau du département du Nord, où le conseil d'hygiène impose largement le traitement des eaux industrielles à la chaux, sont capables d'atteindre jamais à un état satisfaisant. Nous ne voudrions pas affirmer que les industriels exécutent toujours rigoureusement les prescriptions du conseil et ne déversent jamais leurs eaux brutes à la rivière, quand l'inspecteur a le dos tourné ; mais eussent-ils l'exactitude dont ils n'ont pas acquis la réputation, nous croyons que les modes d'épuration dont il vient d'être parlé n'arrivent guère qu'à rassurer le service de la navigation, ce qui est quelque chose, mais ne suffient point à calmer les inquiétudes de l'hygiène.

La technique de l'épuration chimique et mécanique, qui nous intéresse à coup sûr, rentrerait difficilement dans les limites de ce rapport. L'étranger a donné l'exemple des installations en grand, ayant cette épuration pour but. En Angleterre, où elles sont nées, elles ont pour caractère l'ampleur, mais aussi la simplicité du mécanisme et des opérations. L'Allemagne recherche des appareils savants, qui ne sont peut-être pas décidément supérieurs. Au congrès des hygiénistes de ce pays, à Francfort-sur-Mein, en septembre 1888, la présentation en quelque sorte officielle des appareils les plus nouveaux a été faite par quatre techniciens : le procédé des bassins de clarification de Francfort a été exposé par M. Lindley ; celui des bassins analogues, à Wiesbaden, par M. Winter ; l'ingénieuse machine par aspiration, de Röckner-Rothe, qui purifie les eaux d'Essen, a été décrite par M. Wiebe ; celle de Nahnsen-Müller, non moins ingénieuse, qui fonctionne à Halle, par M. Lohausen. Nous commençons, en France, à avoir, sur ces diverses méthodes, des notions suffisantes. M. E. Richard, à diverses reprises et spécialement dans le numéro de mars 1889, de la *Revue d'hygiène*, nous en a fait suivre le développement. Nous avons nous-même apporté notre contribution à cette étude dans un essai critique sur *l'épuration des eaux urbaines* (*Rev. d'hyg.*, X, p. 319, 1888), de même que nous avions mis en relief, d'après la commission de Roubaix et Tourcoing de 1885, l'essence des procédés anglais, à propos de *l'épuration des eaux de l'Espierre*,

(*Rev. d'hyg.*, VII, p. 785, 1885.) Force nous est de renvoyer à ces sources et, par-dessus tout, au rapport du comité du quatorzième congrès allemand d'hygiène publique. (*D. Vierteljahrsschr. f. öffentl. Gesundheitspflege*, XXI, p. 71, 1889.)

En France, on a fait de l'épuration chimique depuis longtemps, avec décantation dans des bassins, de la façon la plus simple. Nous avons aussi des mécanismes spéciaux, entre autres l'appareil à colonnes de décantation, de MM. Gaillet et Huet (de Lille), décrit par M. Rabot (*Revue d'hygiène*, IV, p. 13, 1882), qui fonctionne bien dans des exploitations particulières. Nous nous permettrons une courte description de l'usine d'épuration de l'Espierre, parce que c'est encore inédit et que nous en avons une connaissance personnelle.

C'est aussi plus rigoureusement appliqué aux eaux d'industrie que toute autre création du genre. En effet, les eaux-vannes de Leeds, Bradford, Birmingham, Essen, Francfort-s.-M., Wiesbaden, Halle, sont un mélange de résidus d'industrie et d'excréments humains; la souillure fécale est même, parfois, prédominante. A Roubaix et Tourcoing, au contraire, on ne dirige à l'Espierre que les eaux ménagères et de rue; les résidus industriels constituent essentiellement la souillure de la rivière, à eux seuls. Rappelons l'excessif degré de cette souillure et cette circonstance plus marquée dans cet égout que partout ailleurs : que la quantité des eaux varie incessamment selon l'activité industrielle et que la proportion et la nature des impuretés varient de même plusieurs fois par jour.

L'usine d'épuration est située à quatre kilomètres de Roubaix et à un kilom. de la frontière belge, près du village de Grimonpont. On a pensé devoir se rapprocher le plus possible du territoire belge, pour éviter que l'eau épurée ne reçût de nouvelles souillures entre l'usine et la frontière. Les deux villes ont acquis, sur ce point, un assez vaste emplacement. Dans les travaux exécutés, on peut comprendre la *dérivation de l'Espierre*, les *bâtiments* et les *bassins*.

La dérivation est prise sur un canal de rectification du cours naturel du ruisseau; elle se fait à l'aide d'une vanne, accompagnée d'un déversoir de nécessité.

Les bâtiments comprennent des logements d'employés, un four à chaux de grandes dimensions, et un vaste massif réunissant la chambre des machines, le logement des générateurs, la salle des malaxeurs, où se préparera le lait de chaux, un laboratoire, la salle des pompes, celle du puisard des eaux infectes. L'aqueduc amenant les eaux-vannes passe sous les bâtiments du côté des bassins.

Ceux-ci sont au nombre de dix-huit, contigus par leurs longs côtés et parallèles. Ils ont 20 mètres de long sur 8 mètres de large et 1 mètre 60 de profondeur moyenne. La paroi commune à deux bassins a 80 centimètres d'épaisseur. Le sol en briques de ces bassins est en pente prononcée dans le sens de la sortie des eaux; en outre, les deux moitiés du revêtement sont en pentes convergentes vers une ligne médiane, dirigée dans le sens de la longueur. Un fossé maçonné règne tout le long des extrémités amont des bassins; un double fossé, le long des extrémités aval. Comme on le comprend, le fossé d'amont conduit les eaux *traitées* par la chaux dans chaque bassin; elles y pénètrent par une vanne, que l'on ferme, une fois le bassin rempli. Des deux fossés d'aval, le premier est destiné à recevoir la boue précipitée, le second, les eaux épurées. Une fois la précipitation accomplie, la décantation a lieu au moyen de deux vannes par bassin, disposées de façon à livrer passage à l'eau *en s'abaissant lentement*. L'eau clarifiée s'écoule donc couche par couche par-dessus leur bord supérieur. Elle est reçue dans un canal qui passe transversalement au-dessus du fossé à boue et la déverse dans le deuxième fossé. La vanne qui sert à la sortie de la boue correspond à l'extrémité la plus déclive de la ligne médiane indiquée ci-dessus; elle se *lève rapidement*.

Nous renvoyons à la *Note* annexée au présent rapport et que nous devons à l'obligeance de M. l'ingénieur Devos, pour ce qui concerne la fabrication du lait de chaux et son déversement automatique dans les eaux-vannes, qui mesurent elles-mêmes, selon leur abondance, la quantité de désinfectant employé.

On a calculé que la proportion de chaux (d'excellente provenance) qu'il faudra employer variera entre deux et trois kilogrammes de chaux vive par mètre cube d'eau-vanne. On se propose de faire le lait de chaux très dilué.

La décantation de chaque volume d'eau introduit dans un bassin peut durer cent dix-sept minutes. C'est le temps indiqué par le calcul pour que l'on puisse soumettre à l'épuration les 30,000 mètres cubes journaliers regardés aujourd'hui comme le chiffre normal du débit de l'Espierre.

Au moment où nous rédigeons ce rapport (avril 1889), il n'est pas encore passé une goutte d'eau d'Espierre par les bassins, et toutes les épurations se sont accomplies dans des éprouvettes. Nous avons été témoin de ces expériences et aussi de quelques autres, instituées en vue de reconnaître les effets du passage des eaux de l'Espierre par les filtres-presses. Nous ne saurions trop dire, à cette occasion, combien les ingénieurs des ponts et chaussées : M. Gruson, ingénieur en chef, et M. Devos, ingénieur ordinaire, ont mis de gracieux empressement à nous initier à tous les détails de cette curieuse entreprise.

L'usine sera en mesure de fonctionner dans peu de temps, et ce n'est qu'à ce jour que l'on pourra formuler une appréciation exacte et en connaissance de cause sur les résultats de la méthode, dans ce cas particulier, si grave. En attendant, il est peut-être permis de risquer quelques prévisions.

L'eau obtenue par décantation après traitement à la chaux est limpide, transparente, tout en conservant une teinte légèrement ambrée et un parfum moitié suint, moitié chaux, d'intensité médiocre. Comme partout ailleurs, avec des moyens analogues, elle s'est débarrassée de la plus grande part des matières en suspension, mais a gardé presque toutes les matières dissoutes. Le chiffre des germes a notablement diminué (1), quitte à se relever bientôt après, ce qui ne serait pas absolument inquiétant, s'il était certain que les détritus de la laine n'ont pas mis parmi eux de microbes pathogènes. Il est très probable que les riverains de l'Espierre et ceux de l'Escaut seront émerveillés et calmés pour quelque temps. C'est beaucoup et ce sera mieux si l'on élargit les siphons par lesquels l'Espierre passe sous le canal de Roubaix. Ces siphons, suffisants autrefois, n'ont pas suivi dans sa marche ascensionnelle la production des eaux d'industrie et sont, par suite, une cause d'inondation à chaque crue.

L'apaisement des riverains durera en raison de la dilution de l'eau clarifiée dans l'Escaut, et il faut espérer que *l'assainissement spontané* achèvera l'épuration au delà de la frontière. Mais, pendant que les Belges seront contents, on se demande si la gravité du problème ne se retournera pas tout entière contre les deux villes de Roubaix et Tourcoing, par le fait de l'effroyable quantité de boue qui leur restera pour compte. C'est l'embarras des boues, autant que l'épuration incomplète, qui explique l'accueil très froid des hygiénistes du con-

---

(1) Nombre des germes par centimètre cube dans l'eau de l'Espierre :

Dans l'eau brute...................................... 3.000.000

Dans l'eau traitée par la chaux et décantée.......... 370

Dans l'eau passée par le filtre-presse............... 840

(**Examen fait** au laboratoire de microbiologie de l'hôpital militaire de Lille.)

grès de Francfort aux procédés mécanico-chimiques. Pourtant, le volume des boues d'Essen, par exemple, n'est qu'un enfantillage auprès de celui que l'on a en perspective à Grimonpont.

Les boues d'Essen, très liquides au sortir de l'appareil de Röckner-Rothe (ce qui prouve qu'il n'a pas sur les autres une supériorité marquée), sont mises à égoutter dans des bassins. Amenées à ne plus renfermer que 80 p. 100 d'eau, elles donnent 328 mètres cubes *par mois* d'une vase demi-solide, dont le placement inquiète M. Wiebe. A. Grimonpont, les expériences prouvent que la boue liquide, qui garde 97 p. 100 d'eau, représentera environ le sixième ou le cinquième du volume d'eau-vanne, soit 5,000 à 6,000 mètres cubes *par jour*. Imagine-t-on l'étendue de terre sur laquelle on étalerait cette masse formidable, les bassins où on la mettrait à égoutter et à évaporer, sous le ciel peu desséchant de Roubaix? Il faudrait, rien que pour vingt-quatre heures, dix-huit autres bassins pareils à ceux qui existent en vue de la décantation. Et combien de fois dix-huit bassins et quel surcroît de travail? Puis, que faire des boues, même demi-solides et réduites de volume, fût-ce à 1,000, à 500 mètres cubes par jour?

Les ingénieurs expérimentent en ce moment les filtres-presses sur les boues de l'eau de l'Espierre traitée par la chaux. Les résultats, en petit, sont satisfaisants, tant au point de vue de la clarification de l'eau que sous le rapport de la réduction de volume de la vase. Les tourteaux sortant du filtre-presse sont fermes, peu encombrants, maniables. En trouvera-t-on le placement comme engrais? pourra-t-on en fabriquer du gaz d'éclairage ou faudra-t-il simplement en faire des cendres? Ce sont autant de questions à l'étude, formant ensemble un problème énorme et dont la solution menace d'être très coûteuse. On prévoit une dépense annuelle de 280,000 francs pour l'exploitation de l'usine qui va s'ouvrir.

Au fond, et en considérant les choses d'une façon abstraite, les hygiénistes ne doivent pas regretter trop les circonstances qui rendent excessivement onéreuse l'épuration mécanico-chimique, ni les échecs de la méthode sur divers points, à l'étranger et en France. La défaveur des hygiénistes allemands, à Francfort, malgré les efforts des techniciens, est significative autant que légitime. Il s'agit, en effet, alors que nous nous efforçons de convaincre les populations urbaines que les rivières ne sont pas des égouts donnés par la nature, de reporter à l'industrie le privilège de les prendre pour émonctoires. L'épuration mécanico-chimique n'est guère plus, en effet et de l'aveu des gens de bonne foi, qu'une façon de faire accepter ce privilège par le public, un déguisement ou un rhabillage des eaux sales, un trompe-l'œil, — je n'ose dire une hypocrisie. Il n'y a pas de compromis à accepter ici, par l'hygiène au moins. On veut ou on ne veut pas protéger les cours d'eau et en interdire l'accès aux matériaux usés, qu'ils proviennent des opérations digestives ou des manipulations industrielles.

Il faudrait probablement définir ce que l'on peut entendre par une *eau épurée*. A mon sens, la réalité de l'épuration est attachée au mécanisme selon lequel elle s'est produite au moins autant qu'à la constitution physique, chimique et même biologique de l'eau, après épuration. L'eau étalon n'existe pas, et il y a des eaux chimiquement très imparfaites qui sont excellentes en raison de leur provenance.

Citons, néanmoins, parce qu'ils font preuve de bon vouloir et qu'en somme ils obtiennent une incontestable atténuation de la pollution des rivières, les établissements de *peignages de laine* qui, dans le département du Nord, font de l'épuration chimique. Ce sont, d'après M. Thibault, les usines de MM. Torden, à Avesnelles, sur l'*Helpe-Majeure*, en amont d'Avesnes; Hardy, à Glageon; Faux, à la Galoperie; Seydoux, au Cateau; Delattre, à Dorignies.

7° ÉPURATION PAR LE SOL. — Il y a, comme nous l'avons dit naguère (*Rev. d'hyg.* X, p. 321, 1888), d'après l'analyse de divers documents, deux modes d'épuration par le sol, la *filtration* et l'*irrigation*, qui, tous deux, reposent sur les propriétés mécaniques, chimiques et biologiques du sol, mais diffèrent en ce que la filtration cherche plus formellement la disparition de l'eau sale, et l'irrigation la transformation exacte et inaperçue des matières impures. L'une et l'autre admettent *l'utilisation agricole*, mais la seconde plus que la première; la végétation, avec l'irrigation, est même un auxiliaire des forces d'assainissement. On sait que la filtration est très répandue en Angleterre, tandis que l'irrigation est seule pratiquée en Allemagne et en France.

Dans la grande majorité, sinon dans la totalité des villes qui emploient l'irrigation jusqu'ici, les eaux-vannes sont, comme il a été dit à propos de l'épuration chimique, un mélange; les eaux d'industrie n'en forment qu'un élément, habituellement le moins important; la masse en est constituée par les excrétions humaines. Il est donc intéressant de consigner ici le résultat des cas particuliers dans lesquels des eaux d'industrie à peu près sans mélange ont été soumises à l'épuration par le sol. Nous ne connaissons qu'une ville qui épure de cette façon et collectivement des eaux-vannes auxquelles les excréments humains soient à peu près étrangers ; c'est la ville de Reims. Son exemple sera précieux et nous n'aurons garde de l'oublier.

On sait que l'épuration industrielle par le sol était recommandée par Wurtz, il y a quarante ans. Durand-Claye a fait connaître (1878-1879) diverses applications remarquables de la méthode, spécialement et rien qu'en France dans les usines Pluchet (distillerie), Dailly (féculerie), à Trappes, Balsan (peignage de laines) à Châteauroux. M. Rabot (1882) y a ajouté la distillerie Gilbert, à Montigny-le-Bretonneux, la féculerie Hardelay au Tremblay. Le département du Nord, où l'on a si souvent, pour les besoins de certaine cause, nié la possibilité des irrigations, en fait depuis longtemps, avec l'appui du conseil d'hygiène.

En 1879, Meurein craignait déjà les conséquences, pour les eaux de la ville de Lille, de l'irrigation avec les vinasses de distillerie des terres arables dans la région où ces eaux sont captées. En 1880, il constatait que la conservation des eaux de lavage de noir (sucreries), sur des terres arables, par « les matières salines et les phosphates » que ces eaux abandonnent au sol, exerce une action fertilisante et a transformé la fâcheuse situation des rivières partout où elle a été opérée avec soin, « comme à Cuincy, à Seclin, à Somain, à Sin, à Cantain, à Bauvin, à Wargnies-le-Grand, etc. » D'ailleurs, il fixait lui-même, dans l'un de ses rapports au conseil d'hygiène (1881) l'étendue relative des terrains à consacrer à l'irrigation : « Les vinasses seront répandues sur des terres arables offrant une superficie de cinquante ares par hectolitre d'alcool de production quotidienne. Elles ne pourront jamais former sur le sol de mares stagnantes.... »

C'est en 1885 que le conseil d'hygiène du Nord, à la suite d'un judicieux rapport de M. L. Faucher, régularisa la pratique des irrigations agricoles par les vinasses de distillerie, précisément de la part d'une des usines qui avait, naguères, passé pour compromettre l'eau de Lille. Il est remarquable que les conclusions du rapport n'établissaient aucune proportion entre la masse de vinasses à épurer et la surface de terre qu'il faudrait affecter à l'épuration. L'intérêt du fabricant l'obligeait à chercher lui-même cette proportion et à l'observer, d'abord pour éviter les rigueurs de l'administration, puis pour tirer le plus de profit possible de son terrain. Nous nous sommes assuré personnellement que l'essai a parfaitement réussi et que le distillateur lui-même y trouve de bons bénéfices.

L'année suivante, sur la proposition motivée de M. Vaneste, le conseil d'hygiène de Dunkerque comprenait parmi les conditions à imposer à l'usine Dantu-Dambricourt, en vue de protéger la *Colme*, la clause suivante : « 5° Tous les ans, une superficie de terrain de culture d'environ trente hectares sera destinée à recevoir les vinasses de betteraves concurremment avec les autres produits résiduaires de l'usine pendant la saison d'hiver. » Pendant le reste de l'année, le conseil prescrit l'épandage sur les pâtures entourant l'usine.

Le rapportde M. L. Faucher (*Comptes rendus des trav. des conseils d'hygiène du département du Nord.* Lille,1886) contient de fort intéressants détails sur l'irrigation avec les eaux de sucrerie et en fait ressortir la parfaite efficacité au point de vue de l'intégrité des eaux. « Dans une seule matinée, j'ai dû visiter quatre fabriques de sucre considérables, à Sin-le-Noble, à Guetnain, à Masny et à Montigny, où l'on se débarrasse de toutes les eaux (dont le volume atteint jusqu'à douze mille hectolitres en vingt-quatre heures) par des irrigations sur le sol environnant, au grand avantage de la culture et de l'hygiène publique. Pour l'une de ces sucreries, celle de Sin-le-Noble, il se présente cette circonstance particulière que l'irrigation (sur une surface de moins de deux hectares) a mis fin à l'infection annuelle du *Bouchard* et aux plaintes de la commune de Lallaing, plaintes qui, jusqu'à l'année 1880, ont attiré tant de fois l'attention du conseil. Pour l'autre, celle de Montigny, il convient aussi de signaler qu'une culture de huit hectares suffit à l'épuration des eaux de toute nature, qui correspondent au travail journalier de deux cent mille kilogrammes de betteraves et dont le cube est, par suite, d'environ dix mille hectolitres par jour. »

D'ailleurs, l'expérience de l'irrigation dans le Nord a conquis M. Thibaut, inspecteur de la salubrité du département, à la cause de la généralisation de la méthode et même, par conséquence logique et pleine d'à-propos, à la cause du *tout-à-l'égout* dans les grandes villes de la région. M. Thibaut, dans son rapport de 1888, ouvre carrément le perspective d'un canal « rassemblant toutes les eaux-vannes et industrielles de nos grands centres et les conduisant, à travers les riches campagnes des Flandres, vers les dunes et la mer. Sur leur passage, il *distribuerait* comme engrais les résidus qui nous encombrent actuellement. Arrivées aux dunes, ces eaux pourraient servir à féconder ces plaines arides... » Les eaux de peignage, assure-t-on, n'ont par elles-mêmes qu'une très petite valeur agricole; mais, dit M. Thibaut, quand on y aurait ajouté le *sewage* des grandes villes, les matières azotées y seraient en proportion suffisante pour constituer des éléments de fertilisation. On le croira d'autant plus aisément que les eaux de l'Espierre, essentiellement de provenance industrielle, renferment 65 grammes d'azote par mètre cube, selon l'estimation la plus faible (les eaux d'égout de Paris, 51 grammes, selon la commission d'assainissement de 1883; celles de Londres, 80 grammes, selon Frankland). — Ce canal serait coûteux, mais Roubaix, Tourcoing, Lille, Armentières, sont fort riches et se doivent à elles-mêmes de ne pas rendre le pays autour d'elles hideux.

L'idée de M. Thibaut de conduire les eaux-vannes vers la mer a son origine dans quelques difficultés matérielles qui attendent la pratique de l'irrigation dans ce pays, au moins en tant qu'il s'agirait d'une irrigation *collective*. Ce n'est pas précisément l'inaptitude du sol ni du climat, puisque des irrigations particulières existent et réussissent très bien. Mais ce pourrait être la valeur des terres à acquérir par les municipalités; la nécessité de cultures spéciales, dont quelques-unes ne seraient peut-être pas dans les habitudes du pays; la nature même des eaux où les résidus d'industrie dominent. Nous n'avons pas à essayer de démonstrations topiques; mais il faudrait, sans doute, avoir fait des expériences larges et prolongées de la méthode des irrigations avant de formuler des objections dont personne ne saurait mesurer la portée. Nous trouvions, il y a quatre ans, que l'on s'est décidé un peu vite pour l'épuration chimique, à Roubaix. Au fond, nous nous demandons comment on pourrait être embarrassé vis-à-vis des plantes à cultiver, dans cette région où l'on fait des betteraves tout autant que des céréales, du lin, du colza. Et, si la nature des impuretés des eaux est gênante à divers égards, nous ne voyons pas pourquoi l'on n'associerait point à l'irrigation une usine, pour exploiter préalablement la potasse et la graisse des eaux, et des grilles qui retiendraient des eaux de peignage, la laine qui forme feutrage dans le précipité et pourrait obstruer les pores de la surface du sol. Tout cela peut être un travail rémunérateur. Naguères, on louait, à Roubaix, 2,400 fr. *la pêche de l'Espierre*, où le plus infime des mollusques ne saurait vivre. La pêche consistait à recueillir la laine échappée aux usines. C'est donc qu'on y gagne quelque chose.

Nous avons, autrefois, cité les expériences trop courtes de M. Jean de Mollins, qui nous paraissaient absolument favorables.

Il serait à désirer qu'on les reprît. En attendant, nous avons la vaste démonstration que fournissent les irrigations anglaises et allemandes, avec Gennevilliers. Que si l'on observe que les eaux traitées par le sol, dans ces cas, sont un mélange d'eaux excrémentitielles et d'eaux d'industrie, et que, dans la région du Nord, on ne fait ni ne veut faire ce mélange, nous répondrons, comme on l'a déjà pressenti, par l'exemple de Reims qui, jusqu'à ces derniers temps, versait surtout à la Vesle des eaux de peignage, ainsi que Roubaix-Tourcoing le font dans l'Espierre, et conservait ses matières fécales dans des fosses fixes, selon la pratique également retenue dans les Flandres.

Le rapport récent de M. Bourneville (*Chambre des députés*, 21 février 1889) contient le résumé (avec un plan) des travaux réalisés par la municipalité de Reims avec le concours de la Société des Eaux - Vannes. Cette Compagnie se charge d'épurer les 36,000 mètres cubes journaliers d'eaux d'égout, qui se déversaient à la Vesle, sur une surface de 400 hectares lui appartenant, augmentée de 150 hectares offerts par la ville. La subvention annuelle de celle-ci se règle par la quantité d'eau épurée. Les eaux d'égout sont amenées aux champs d'irrigation par deux aqueducs, dont l'un est assez élevé pour permettre le déversement sans machine élévatoire. De la chambre centrale où les versent ces deux aqueducs, les eaux sont réparties, par des conduites en béton de 1^m 20 et de 0^m 60 de diamètre, dans deux chambres de distribution, d'où elles sont dirigées sur les terres par des tuyaux secondaires de plus en plus petits, de 0^m 80 à 0^m 30 de diamètre, bifurqués selon les besoins et interrompus par les réservoirs et les prises d'eaux nécessaires. Les champs eux-mêmes sont sillonnés de *rigoles* principales et secondaires et de *raies*. « Les plantes se trouvent alignées sur une bande de terrain longue et étroite ; elles ne reçoivent pas l'eau directement, elles ne se nourrissent donc que par leurs racines. Les planches, en forme de *billons*, ont une largeur variable de 0^m 90 à 1^m 20. » Un instrument agricole spécial, inventé par M. Bonna, creuse les rigoles, au moyen de *butteurs*, et, du même coup, en régularise et en tasse le fond, par ses *rouleaux* ovoïdes. Quand la rigole est encombrée de matières déposées par les eaux d'égout, on fait repasser le même instrument, dont les butteurs rejettent sur les planches les résidus de colmatage. Il va sans dire que le système est complété par des *canaux d'assainissement* ou drains d'évacuation et de déversement des eaux épurées à la Vesle. Il n'y a, en réalité, que 500 hectares consacrés à l'irrigation ; 50 autres sont occupés par un parc et des étangs (domaine de Baslieux). A l'époque de la visite racontée par M. Bourneville (20 octobre 1888), 12,000 mètres cubes par jour étaient déjà épurés par irrigation.

Il est intéressant de faire un rapprochement entre les eaux-vannes de Reims et celles de l'Espierre. On attribue aux premières un résidu fixe de 2 kil. 351 par mètre cube, dont 1 kil. 158 de matières organiques, et une moyenne d'azote total égale à 85 grammes par mètre cube. Nous avons, d'autre part, indiqué les chiffres suivants de résidu fixe obtenus avec les eaux de l'Espierre :

    4000 k. au mètre cube (Jean de Mollins)
    4650   —   (Ladureau, 1879)
    4750   —   (Thibaut, 1885)
    5911   —   (L. Grandeau, 1875)

Les matières minérales dans ces eaux, se rapprochent toujours de 2 kilogr. ; le poids des matières organiques est habituellement au-dessus de ce chiffre. En d'autres termes, l'Espierre est deux fois plus sale que l'égout collecteur de Reims. Pourtant, il est assez important de noter que les proportions d'azote total indiquées par les chimistes ont été, dans l'Espierre : 65 grammes par M. de Mollins ; 71 grammes par M. Ladureau ; 95 grammes par M. Grandeau. C'est-à-dire que la richesse en azote pourrait bien ne pas différer sensiblement des eaux-vannes de Reims à celles de Roubaix. Quand Roubaix-Tourcoing auront la nouvelle distribution municipale dont le projet est adopté et qui leur donnera 30,000 mètres cubes d'eau potable par jour, il est évident que la dilution des matières d'égout pourra devenir exactement la même que celle de Reims et que la richesse en azote des eaux-vannes sera un peu au-dessus de celle des eaux de Paris.

Pour quelle raison ne parviendrait-on pas à faire passer les eaux actuelles de l'Espierre par 500 hectares de terre, dût-on les payer 5000 fr. l'hectare ? Je ne m'en doute pas et je crains que les personnes qui ne partagent pas mon avis n'en sachent pas davantage. On a d'emblée épuré par la chaux à Roubaix, et l'on n'a même pas tenté une ébauche d'épuration par le sol.

Quand nous cherchions, pour donner à ce rapport la précision qu'on est en droit d'en exiger, un type duquel les déversements industriels ne doivent pas faire dévier les eaux publiques, nous songions à proposer le terme *d'eaux naturelles*. Mais ce terme est bien loin d'emporter l'idée d'une constitution exactement déterminée et, surtout, invariable. On est obligé d'en revenir à *l'eau potable moyenne*, représentée au mieux par l'eau qui, pénétrant dans le sol par la surface, se filtre et s'épure en un long trajet à travers les couches terrestres, pour reparaitre plus loin, spontanément ou à l'aide des moyens au pouvoir de l'homme. Or, les eaux épurées par irrigation ont copié ce mécanisme que la nature emploie avec tant de succès et, finalement, rejoignent les cours d'eaux dans un état très voisin de celui des eaux potables moyennes. Ainsi, à Reims, on a comparé les eaux épurées avec celles de la source des Trois-Fontaines, considérées comme les meilleures de la région, et l'on a trouvé que la composition des unes et des autres est sensiblement la même. Cette comparaison mérite d'être reproduite ici.

	Eau épurée.	Eau des Trois-Fontaines.
Degré hydrotimétrique.............	22°	21°
— après ébullition.	10°	6°
— de l'eau précipitée.	0	0
— bouillie, précipitée.	0	0
Résidu fixe par mètre cube..........	318 gram.	291 gram.
Carbonate de chaux.................	150	204
Sulfate de chaux....................	98	42
Silice..............................	10	10
Oxyde de fer et d'alumine...........	12	15
Matières organiques.................	20	15
Chlorure de sodium.................	13	»
Sulfate de soude...................	15	»
Azote à l'état d'ammoniaque..	trace	»

Nous ne trouvons pas ici la mention des microbes des différentes eaux. Mais la question n'est-elle pas suffisamment tranchée, au point de vue du nombre des organismes, par les recherches faites à Berlin, à Breslau, à Paris? Quant à la nature de ces organismes, les travaux de M. Carl Fränkel et surtout de M. Grancher ont montré surabondamment que la filtration de l'eau, de la surface à la profondeur, n'entraine pas les germes, pathogènes à l'occasion, que le liquide aurait pu contenir, au delà de quelque 50 centimètres de profondeur verticale.

Résumé et Conclusions

Les inconvénients et les dangers de la projection des résidus industriels dans les cours d'eau ou de leur introduction **dans les** nappes souterraines sont certains et, comme nous l'avons exposé, sont arrivés, dans certaines régions, à un état que l'on peut dire aigu.

Il existe des moyens divers de traiter ces résidus, qui, tous, ont pour but de ne laisser arriver aux cours d'eau et nappes que des liquides inoffensifs et incapables d'altérer la constitution normale des collections aqueuses naturelles, aussi bien que d'entraver un mode quelconque de l'utilisation de ces eaux.

Ces moyens sont d'inégale efficacité. Mais quoique l'on doive, en principe, rechercher les plus parfaits, il est possible, dans des cas particuliers, de se contenter de ceux dont l'efficacité n'est que relative, soit en raison de la puissance de la masse d'eau à laquelle arrivent les liquides résiduaires, soit parce qu'il est impossible de faire autrement (cas assez rare).

D'ailleurs, les résidus n'ayant pas toujours les mêmes propriétés, les procédés d'assainissement à leur égard peuvent varier aussi, et il arrive parfois qu'en raison de la complexité des résidus d'une même industrie, il soit indiqué d'en pratiquer l'épuration en deux ou trois temps.

L'obligation d'épurer leurs résidus doit être imposée aux industriels et cette obligation n'être considérée comme remplie que par l'épuration complète et parfaite, bien qu'en pratique on puisse user de tolérance. L'épuration peut, d'ailleurs, être conduite par chaque établissement en particulier ou, collectivement, par un syndicat d'industriels, par une commune ou par un syndicat de plusieurs communes. Même dans le cas d'épuration collective, il est utile que chaque fabricant fasse subir à ses eaux résiduaires les traitements qui doivent rendre les opérations ultérieures plus faciles et plus sûres.

La chimie, la technique industrielle, l'hygiène ont la mission de chercher les procédés de fabrication des divers produits qui donnent le moins de résidus gênants ou dangereux, aussi bien que les meilleurs modes d'épuration des eaux résiduaires. Mais, lors même que l'on pourrait mettre à la disposition des industriels des procédés d'assainissement rémunérateurs, il ne faut pas compter sur l'effet des bons conseils ni sur l'appât d'un gain de seconde main. Ce gain a beau être positif, s'il n'est élevé ; il ne s'agit pas de gagner quelque chose, mais de gagner beaucoup ; tout industriel est prêt à laisser couler dans le ruisseau quelque menue monnaie, si, pendant le temps qu'il mettrait à la repêcher, il est certain de récolter de l'or à des opérations plus sérieuses. Il est fort rare, après tout, que l'hygiène rapporte de l'argent, surtout quand on la fait pour les voisins.

Dès aujourd'hui, l'obligation d'épurer et même d'épurer complètement peut être imposée, parce qu'elle est possible, ainsi qu'il résulte de l'exemple de plusieurs grandes villes industrielles de tous pays et, surtout, de celui de la ville de Reims. Les lois et règlements semblent ne pas manquer, en France, à cet égard. Il n'y aurait peut-être qu'à leur donner des agents d'exécution et une sanction efficace.

Propositions

I. — La projection de résidus industriels, gênants ou dangereux, dans les cours d'eau, doit être interdite en principe. Il en est de même de leur introduction dans les nappes souterraines, soit par des puits perdus, soit par des dépôts à la surface du sol, soit par des épandages agricoles mal conçus et exécutés sans méthode.

II. — Les eaux résiduaires d'industrie peuvent être admises dans les cours d'eau et nappes, toutes les fois qu'elles auront subi un traitement entraînant la garantie qu'elles ne mêleront aux eaux publiques aucune matière encombrante, putride, toxique ou infectieuse ; ni quoi que ce soit qui en change les propriétés naturelles.

III. — L'épuration des eaux d'industrie doit être imposée. Elle sera exécutée selon des modes appropriés à chaque industrie.

IV. — L'épuration par le sol est le procédé actuellement le plus parfait que l'on puisse appliquer aux eaux résiduaires des industries qui travaillent des matières organiques. Elle peut toujours et doit quelquefois être combinée à des opérations mécaniques ou chimiques, qui assurent la neutralisation des eaux et les préparent à l'absorption par le sol.

L'irrigation méthodique avec utilisation agricole est la meilleure manière d'exploiter les propriétés assainissantes du sol.

ÉPURATION DES EAUX DE L'ESPIERRE

USINE DE GRIMONPONT

Note de M. l'Ingénieur DEVOS

L'usine actuellement en construction à Grimonpont pour l'épuration des eaux de l'Espierre est située à 4 kilomètres de Roubaix, et à 3 kilomètres environ en aval du confluent de l'Espierre et du Trichon ; elle recevra la presque totalité (1) des eaux résiduaires des usines et des eaux d'égout de Roubaix et de Tourcoing. Elle est à 700 mètres de la frontière belge, et on n'a pas à craindre de voir dans l'avenir un établissement industriel s'établir entre la frontière et l'usine, et compromettre les résultats obtenus.

Le débit de l'Espierre à Grimonpont est, en moyenne, par vingt-quatre heures, de 30,000 mètres cubes. Ce débit varie dans des limites très étendues ; il s'est abaissé à 3,800 mètres cubes et atteint 100,000 mètres cubes au moment des grandes pluies, sans parler des crues exceptionnelles pendant lesquelles le débit peut dépasser 5 mètres cubes par seconde. Quant au degré d'infection et à la nature même des eaux, ils sont aussi essentiellement variables. Les eaux de l'Espierre contiennent, en moyenne, près de 5 kilogrammes de matières solides par mètre cube, et le poids de ces matières peut s'élever jusqu'à 10 kilog. par mètre cube. Elles présentent surtout cette particularité que les eaux résiduaires des peignages de laine entrent dans le débit journalier moyen ci-dessus pour plus de 12,000 mètres cubes.

Le mode d'épuration adopté est l'épuration chimique, et ces installations

---

(1) Une faible partie des eaux de Tourcoing s'écoule à la Lys par la Becque de Neuville ; une petite partie des eaux de Roubaix tombe dans le canal de Roubaix par le ruisseau des Trois-Ponts, qui doit d'ailleurs être dévié prochainement, de manière à déverser ses eaux dans l'Espierre.

sont faites en prévision de l'emploi exclusif de la chaux; cependant, elles se prêteraient facilement à l'emploi de tout autre réactif dont l'expérience démontrerait l'utilité.

On admet que 2 kilog. de chaux vive sont nécessaires, en moyenne, pour l'épuration d'un mètre cube d'eau de l'Espierre.

La marche générale des opérations est la suivante :

Les eaux de l'Espierre, retenues par un barrage, pénètrent dans le bâtiment principal de l'usine, où elles reçoivent un lait de chaux. Le mélange est élevé par des pompes dans une série de bassins où les eaux restent en repos pendant le temps nécessaire à la concentration du dépôt boueux. Les eaux clarifiées sont décantées, et retournent au cours d'eau. Les boues sont évacuées par des vannes de fond dans un aqueduc qui les conduit au bâtiment des machines. Là, des pompes les reprennent et les refoulent, soit sur des terrains voisins de l'usine où les boues s'essoreraient naturellement, soit plutôt dans des appareils mécaniques permettant de réaliser très rapidement cette dessication et de rendre les boues maniables et plus faciles à utiliser.

Voici quelques détails sur les principales installations de l'usine, dont l'ensemble est figuré sur le plan.

Le barrage sur l'Espierre comporte un vannage de 5 mètres de largeur libre, réalisé au moyen de 4 vannes de 1 m. 25 de largeur, en charpente, glissant dans des cadres en fonte à nervures. Au barrage est accolé un déversoir de 4 mètres de largeur. Le niveau de la retenue est à 0 m. 50 en dessous des berges du cours d'eau.

Les eaux pénètrent dans l'usine par un canal à ciel ouvert, de 1 m. 50 de largeur au plafond, qui peut être isolé de l'Espierre par un barrage à poutrelles, en temps de grande crue. Elles s'engagent sous le bâtiment des machines dans un aqueduc voûté de 2 m. 20 d'ouverture, et tombent dans le puisard d'aspiration des pompes élévatoires, en passant sur un déversoir. La hauteur de la lame déversante, qui est enregistrée au moyen d'un flotteur dans la salle des pompes, donne à chaque instant l'importance du volume d'eau à épurer.

C'est dans le puisard des pompes et sur le remous même produit par la chute du déversoir qu'arrive le lait de chaux.

La chaux, fabriquée à l'usine comme on le verra plus loin, et éteinte, est amenée du magasin d'extinction à la salle de fabrication du lait de chaux, dans des wagonnets, sur une voie ferrée de 0 m. 60 de largeur. Elle est versée dans des fosses où elle est reprise par des élévateurs à godets. Ceux-ci la relèvent dans quatre appareils qui comprennent : à la partie supérieure, un tamis séparant la chaux en poudre des incuits; au-dessous du tamis, une caisse ou trémie emmagasinant la chaux tamisée, et disposée de manière qu'on puisse jauger et faire varier à volonté la quantité de chaux à introduire dans le bac de fabrication du lait de chaux ; à la partie inférieure, ce bac ou malaxeur, formé d'une cuve demi-cylindrique en tôle munie d'un agitateur horizontal à ailettes.

Chaque malaxeur a une capacité de 6 mètres cubes, et reçoit l'eau nécessaire d'un réservoir en tôle d'une contenance de 40 mètres cubes, placé en dehors du bâtiment sur une tour en maçonnerie de 3 mètres de hauteur. Le lait de chaux est supposé devoir être fait dans la proportion de 100 k. de chaux pour 600 litres d'eau ; et on emploiera à cet effet l'eau épurée provenant des bassins de précipitation ; cette eau, amenée par une conduite en fonte dans un puisard situé dans la salle des pompes, sera refoulée par une pompe spéciale dans le réservoir dont nous venons de parler. Le lait de chaux ainsi fabriqué arrive au-dessus du puisard qui reçoit les eaux infectes, dans un système de deux bacs en tôle superposés ; le bac inférieur, qui constitue un véritable réservoir, reçoit directement le lait de chaux qui y est repris par une pompe centrifuge et refoulé dans le bac supérieur, dit bac distributeur ; celui-ci laisse écouler dans le puisard des pompes la quantité de réactif nécessaire, et est disposé de façon qu'on puisse jauger exactement cette quantité et la mettre constamment en rapport avec le volume et le degré d'infection des eaux à traiter.

Les eaux de l'Espierre et le lait de chaux sont élevés, pour être distribués dans les bassins, au moyen de quatre pompes centrifuges capables de débiter chacune 500 mètres cubes à l'heure ; ces pompes opéreront elles-mêmes un mélange très intime des eaux et du réactif. Les tuyaux de refoulement des pompes traversent le pignon du bâtiment et viennent déboucher à l'origine du canal distributeur ; un déversoir de superficie établi en ce point ramène le trop plein du canal au puisard des pompes.

Les bassins de précipitation, en maçonnerie, sont au nombre de dix-huit, et couvrent avec les canaux latéraux une surface de 4,600 mètres carrés ; ils ont 8 mètres de largeur, 20 mètres de longueur et une profondeur moyenne de 1 m. 60. Leur radier présente une pente longitudinale d'un centimètre par mètre vers les canaux d'évacuation, et en même temps des pentes transversales vers l'axe du bassin, de manière à concentrer les boues à l'extrémité opposée au canal distributeur.

Les bassins se remplissent successivement, et leur nombre est calculé de telle sorte que, pour le débit de 2,000 mètres cubes par heure auquel l'usine doit satisfaire, et lorsque le dernier est rempli, la série des opérations du premier est terminée : repos absolu, décantation des eaux claires, évacuation des boues. On suppose du reste que le temps nécessaire à l'ensemble de ces opérations est de deux heures ; ce qui permet de laisser les eaux en repos absolu pendant trente minutes au moins, et d'effectuer en outre la décantation avec une très grande lenteur. La série des bassins pourrait être facilement prolongée si cela devenait nécessaire.

Les eaux pénètrent dans les bassins de précipitation par des ouvertures pratiquées à la partie inférieure du mur de 0 m. 80 de largeur qui sépare les bassins du canal distributeur ; ces ouvertures sont fermées par des vannes à crémaillères que l'on manœuvre de la partie supérieure au moyen de leviers ; les vannes, comme celles servant à l'évacuation des eaux clarifiées et des boues, sont en charpente et glissent dans les rainures de cadres en fonte.

Du côté opposé, et le long des bassins, se trouvent le canal d'évacuation des boues, d'un mètre de largeur, qui présente une pente longitudinale de 0 m. 005 vers le bâtiment des machines ; puis, le canal des eaux clarifiées, maçonné comme le précédent, ayant une largeur de 1 m. 50 au plafond et une pente de 0 m. 001 en sens inverse de celle du canal des boues.

La décantation des eaux clarifiées se fait au moyen de deux vannes-déversoirs de 1 mètre de largeur chacune, susceptibles de s'effacer complètement au-dessous des radiers des bassins, dans des chambres ménagées à cet effet dans les maçonneries. L'abaissement de ces vannes et l'épaisseur de la lame déversante peuvent être réglés à volonté. Les eaux s'écoulent dans le canal de fuite par des rigoles découvertes qui passent sur le canal d'évacuation des boues.

Cette évacuation s'opère, après la décantation, par des vannes de fond placées dans l'axe des bassins entre les vannes des eaux clarifiées.

Le canal des boues se prolonge, sous la cour de l'usine, par une conduite en fonte aboutissant à un réservoir en maçonnerie dans lequel puisent les deux pompes centrifuges destinées au refoulement des boues. Ce refoulement se fait dans une conduite en fonte, qui passe sous le sol de la salle des pompes et de l'atelier, et qui débouche hors du bâtiment, derrière les bassins.

Le bâtiment principal de l'usine comprend, en outre, les salles des générateurs et de la machine, un laboratoire et un bureau, enfin un petit atelier pour les réparations ordinaires à faire aux appareils.

Les générateurs de vapeur sont au nombre de trois, du type à deux bouilleurs et deux réchauffeurs, de 90 mètres carrés de surface de chauffe.

La machine à vapeur est horizontale, du type Inglin à distributeurs circulaires, et développe normalement 160 chevaux.

La cheminée des générateurs, en maçonnerie, a 34 mètres ; son diamètre intérieur au sommet est de 1 m. 15.

La chaux nécessaire à l'épuration des eaux de l'Espierre doit être de la chaux grasse, aussi pure que possible, et de fabrication très récente. Elle est fabriquée à l'usine même, dans un four à feu continu, de 50 mètres cubes de capacité ; trois autres fours pourront être construits, si besoin est, à côté du premier, soit sur le même type, soit suivant des dispositions permettant d'y brûler les boues convenablement desséchées, et de régénérer la chaux qu'elles contiennent.

Le four à chaux constitue un massif isolé de 7 m. 40 de hauteur ; il se compose d'une cuve tronconique en maçonnerie réfractaire, de 5 mètres de hauteur, 4 mètres de diamètre en gueule et 2 mètres de diamètre à la base, entourée de quatre murs en maçonnerie ordinaire ; l'intervalle entre cette enveloppe extérieure et la cuve du four étant rempli de sable, afin d'éviter les déperditions de chaleur et la dislocation des maçonneries.

La chaux est extraite des fours par quatre orifices placés à la partie inférieure de la cuve; elle est chargée dans des wagonnets et conduite au magasin à chaux sur des voies de 0 m. 60 de largeur.

La pierre à chaux et le charbon sont amenés à la plate-forme supérieure du four au moyen d'un monte-charge à contrepoids hydraulique. Cette construction se compose essentiellement de deux cages formées par des montants verticaux en charpente, et dans lesquelles peuvent monter ou descendre deux bacs en tôle suspendus à une chaîne qui se meut sur une poulie à gorge placée en haut de l'appareil; l'un des bacs, plein d'eau et supportant un wagonnet vide, monte l'autre qui est vide et supporte un wagonnet plein. Le remplissage des bacs en haut du monte-charge est assuré par une conduite en fonte alimentée par le réservoir d'eau pure de l'usine; une simple manœuvre de robinet donne le mouvement à l'appareil. La vidange des bacs se fait automatiquement lorsqu'ils viennent reposer dans la cuve en maçonnerie qui forme la base du monte-charge.

Le magasin, dans lequel arrive la chaux vive sortant du four, a 30 mètres de longueur et 15 mètres de largeur. La chaux y est éteinte par aspersion, et mise en tas; puis transportée à la salle de fabrication du lait de chaux, dès qu'elle est suffisamment sèche pour pouvoir être tamisée.

Le transport de la pierre et du charbon depuis les dépôts jusqu'au monte-charge, et celui du charbon destiné aux générateurs se fait au moyen de voies Decauville posées sur le sol.

Quant au déchargement de ces matières, qui arriveront à l'usine par voie d'eau, il est fait par une grue pivotante à vapeur, qui les prend directement dans le bateau et les élève, dans des wagonnets, sur des estacades en charpente de 3 m. 80 de hauteur qui pénètrent dans l'intérieur de l'usine en passant au-dessus du mur de clôture. Les dépôts peuvent ainsi atteindre une hauteur de 3 m. 50 environ sans aucune manipulation.

L'eau pure nécessaire aux divers besoins de l'usine, alimentation des générateurs, pertes d'eau de condensation par le refroidisseur, alimentation du personnel et du laboratoire, lavages, etc., ainsi que celle nécessaire au remplissage des bacs du monte-charge du four à chaux, sont fournies par un réservoir recevant l'eau d'un forage.

Le forage est établi en dehors et à proximité du bâtiment des machines. Il a été poussé jusqu'au calcaire carbonifère, à 75 mètres de profondeur. Le diamètre du tubage en tôle, au niveau du sol, est de 0 m. 60. Une pompe aspirante et foulante, prenant son mouvement de la transmission de l'usine, et établie dans le forage, refoule l'eau en conduite forcée dans le réservoir.

Celui-ci se compose d'une cuve métallique de 76 mètres cubes de capacité, reposant sur une tour cylindrique en maçonnerie de 8 m. 50 de hauteur et de 5 mètres de diamètre intérieur.

Enfin, une maison de concierge-surveillant est construite près de la porte d'entrée pratiquée dans le mur de clôture qui sépare les terrains de l'usine du chemin de contre-halage du canal de Roubaix.

Les bâtiments de l'usine ainsi que les bassins de précipitation sont éclairés à la lumière électrique.

La dépense de premier établissement, y compris l'acquisition des terrains d'une surface de 7 hectares 10 ares, est de 600.000 francs.

Quant à la dépense annuelle d'exploitation, elle est évaluée à 285.000 francs.

Les travaux sont très avancés, et l'usine sera mise en fonctionnement dans le courant de l'été de 1889.

Lille, le 30 avril 1889.

L'Ingénieur des ponts et chaussées,

Signé : **DEVOS.**

Imprimerie Edmond Monnoyer.

LES ANNALES ÉCONOMIQUES

ANCIENNE *FRANCE COMMERCIALE*

La Revue paraît le 5 et le 20 de chaque mois

CONDITIONS D'ABONNEMENT

Paris : Un an, **20** fr ; Départements : Un an, **22** fr.
Étranger : Un an, **24** fr.

Les Abonnements partent du 5 de chaque mois

On s'abonne sans frais dans tous les Bureaux de poste de France et de l'Union postale.

Ce Recueil est honoré de Souscriptions des Ministères du Commerce et de l'Industrie, de l'Agriculture, de la Marine et des Colonies, du Conseil municipal de Paris, des Grandes Administrations de l'État et des Principales Écoles de Commerce de France et de l'Étranger.

Armand MASSIP, *Directeur-Gérant ;*
Emile BERR, membre de la Société d'économie politique,
Rédacteur en chef.

COMITÉ DE RÉDACTION :

MM.

BARBE, ✳, député; BARBEY, ✳, sénateur; BURDEAU, ✳, député; E. CHABRIER, O ✳, administrateur de la Compagnie générale transatlantique; G. COMPAYRE, ✳, et Paul DESCHANEL, députés; Léon DONNAT, O ✳, membre du Conseil municipal de Paris; Eugène ETIENNE, Félix FAURE, ✳, Fernand FAURE, députés; FOURNIER de FLAIX, publiciste; GERVILLE-REACHE, député; ISAAC, sénateur; JAMAIS, JAURES, députés; JOURDAN, ✳, directeur de l'Ecole des Hautes Etudes commerciales; de LANESSAN, député; E. LEVASSEUR, O ✳, membre de l'Institut; A. PRADON. député; Arthur RAFFALOVICH, ✳, publiciste; A. RENOUARD, vice-président de la Société industrielle du nord de la France; Jules RUEFF, ✳, armateur; SABATIER. député; Yves GUYOT, député.

CORRESPONDANTS ÉTRANGERS :

MM.

I.-H. LÉVY, de Londres; M. MATAJA, professeur à l'Université de Vienne (Autriche); Van HOUTEN, membre de la deuxième chambre des Etats Généraux de la Haye ; J. WEILLER, ingénieur aux charbonnages de Mariemont et Bascoup (Belgique).

*Les Annales Economiques contiennent, indépendamment de la publication régulière d'études originales dues à la plume autorisée des écrivains qui composent le Comité de Rédaction, la reproduction et le commentaire des principaux articles de Revues et de Journaux et des documents officiels récemment publiés; les comptes rendus de conférences; l'analyse des ouvrages nouveaux; et — dans une **Revue Économique** générale — l'ensemble des informations relatives au mouvement industriel et commercial de la France et de l'Etranger.*

Aux mains de tous ceux qu'intéressent les questions économiques, elles constituent un résumé complet, une sorte de memento raisonné de tout ce qui s'est dit ou écrit d'important ou d'original sur ces questions, pendant la quinzaine écoulée.

Les **Annales Economiques** *paraissent en livraisons de 100 pages; elles forment donc un volume de 1,200 pages, chaque semestre.*

Grâce au prix très modique de l'abonnement, elles constituent le plus avantageux des ouvrages de vulgarisation économique qui ait été créé jusqu'ici.

Le Mans. — Typographie Edmond Monnoyer.